Devenez une SUPERSTAR de la vente directe

Catalogage avant publication de Bibliothèque et Archives nationales du Québec et Bibliothèque et Archives Canada

Christensen, Mary, 1951-

Devenez une superstar de la vente directe

Traduction de : Be a party plan superstar.

ISBN 978-2-89225-813-4

1. Vente par réunion. 2. Vente directe. 3. Entreprises établies à domicile. I. Titre.

HF5438.25.C512514 2013 658.8'72 C2013-940625-5

Adresse municipale :
Les éditions Un monde différent
3905, rue Isabelle, bureau 101
Brossard (Québec) Canada
J4Y 2R2
Tél. : 450 656-2660 ou 800 443-2582
Téléc. : 450 659-9328
Site Internet : www.umd.ca
Courriel : info@umd.ca

Adresse postale :
Les éditions Un monde différent
C.P. 51546
Greenfield Park (Québec)
J4V 3N8

Cet ouvrage a été publié en langue anglaise sous le titre original :
BE A PARTY PLAN SUPERSTAR : BUILD A $100,000-A-YEAR DIRECT SELLING BUSINESS FROM HOME
Publié par AMACOM
A division of American Management Association
1601 Broadway, New York, NY 10019
www.amacombooks.org

Dépôts légaux : 2e trimestre 2013
Bibliothèque nationale du Québec
Bibliothèque nationale du Canada
Bibliothèque nationale de France

Conception graphique de la couverture :
OLIVIER LASSER et AMÉLIE BARRETTE

Version française :
JOCELYNE ROY

Photocomposition et mise en pages :
LUC JACQUES [compag@globetrotter.net]

Typographie : Fairfield LH corps 12,5 sur 15,2 pts

ISBN 978-2-89225-813-4
(Édition originale : ISBN 978-0-8144-1651-8 Paperback edition, New York)

Nous reconnaissons l'aide financière du gouvernement du Canada par l'entremise du Fonds du livre du Canada (FLC) pour nos activités d'édition.

Gouvernement du Québec – Programme de crédit d'impôt pour l'édition de livres – Gestion SODEC.

Gouvernement du Québec – Programme d'aide à l'édition de la SODEC.

IMPRIMÉ AU CANADA

Mary Christensen

Devenez une SUPERSTAR de la vente directe

UN MONDE DIFFÉRENT

Note de l'éditeur : Bien que les exemples de ce livre se rapportent le plus souvent aux femmes, la participation des hommes contribue depuis toujours à l'essor de la vente directe. De plus, les références monétaires utilisées ici sont en euros, mais elles pourraient tout aussi bien être indiquées dans la devise de votre choix. Vous n'avez qu'à prendre les mêmes montants et à les transposer dans la devise choisie, sans même les changer. Ces montants sont là à titre comparatif seulement, mais ils correspondent à la réalité de la vente directe et du marketing relationnel.

Table des matières

REMERCIEMENTS 9

INTRODUCTION :
Il n'y a rien comme le show-business 11

PREMIÈRE PARTIE
Qui veut être une superstar ?

1 Allumez la flamme 23
2 Il suffit d'y croire 29

DEUXIÈME PARTIE
Créez votre entreprise

3 Maîtrisez l'art de la vente 37
4 Soyez la meilleure des hôtesses 55
5 Un calendrier d'événements bien rempli 63
6 Profitez de vos réunions de vente pour recruter des hôtesses 81
7 Parrainez pour réussir 95
8 Sachez guider vos hôtesses 113

TROISIÈME PARTIE
Que la fête commence !

9 Préparez la scène 143
10 Donnez du panache à vos soirées 157
11 Avancez sous les projecteurs 163
12 La grande finale 181
13 Récoltez les fruits de vos efforts 187
14 Récompensez et recrutez votre hôtesse 195
15 Il est payant de jouer 203

QUATRIÈME PARTIE
Après la fête

16 Il est temps de faire le point 229
17 Le suivi 233
18 Partagez la scène 243

ÉPILOGUE :
C'est maintenant à vous de briller 261

Remerciements

Merci à Ellen Kadin, ma merveilleuse éditrice, et à l'équipe d'AMACOM pour leur soutien ; merci à Ed Knappman, mon agent chez New England Publishing Associates, pour ses encouragements ; merci à Wayne Christensen pour son extraordinaire travail de révision ; et merci pour leur inspiration à toutes les superstars de la vente directe à travers le monde.

Avec tout mon amour, merci à Ida, ma mère, pour sa force, et à Jack, mon père, qui a fait de moi une personne forte.

Merci à tous ceux qui ont enrichi ma vie : Wayne, Nikki, David, Tiffany, Matt, Samantha, Brayden, Paige, Trinity, Jett, Dane, Beki, Frances, Jim, Gordon, Gary, Bev, Geoff, Catherine, Brittany, Callum, Matt, Sonia, Grace, James, Jenny, Mike, Tayla, Ella, Tristan, Caroline, George, Irian, Wayne, Cayce, Tiffany, Mason, Marvon, Kelly, Izak, Kaydence, Brad, Jacqui, Mike, Ross, Marilyn, Jan, Ray. Doug, Dori, Ed, Shirley, John, Susan, Herm, Louise, Mary, Angela, Bill, Muriel, Nancy, JT, Bob, Pauline, Brian, Rick et Rena.

INTRODUCTION

Il n'y a rien comme le show-business

La vente directe, aussi appelée « party plan », est le véhicule idéal pour assurer le développement personnel et financier. Quelle que soit votre situation actuelle, financière ou autre, rien ne vous oblige à vous contenter de peu lorsque vous pouvez tout avoir et devenir la star de votre propre « industrie du spectacle ».

La vente directe est un modèle d'entreprise qui est accessible à tous. En tant qu'entrepreneure indépendante, vous vous associez à une société qui se charge de tous les détails (produits, marketing, administration et soutien technique) de manière à ce que vous puissiez vous concentrer sur les activités de première ligne qui généreront vos revenus.

Peu importe le nom qu'on leur donne – réceptions, représentations, cours, présentations, consultations de groupe, ateliers, rencontres, célébrations, expériences ou démonstrations, ces réunions amicales sont l'instrument idéal pour créer une entreprise.

Que vous travailliez chez vous ou à l'extérieur, l'industrie de la vente directe peut vous sortir de l'endettement et vous offrir la liberté financière. À plein temps, à temps partiel ou pendant vos loisirs, vous serez toujours gagnante.

Pourquoi attendre que les clients viennent à vous quand vous pouvez transporter votre entreprise dans leur salle de séjour ? La majorité des propriétaires d'entreprise vendraient leur âme pour se tenir devant un public captif dans un environnement chaleureux et convivial.

Si vous êtes prête à tenir les commandes de votre vie, ce livre vous enseignera comment créer, à partir de zéro, une entreprise de vente directe très prospère. Si vous évoluez déjà dans cette industrie, vous apprendrez comment catapulter votre entreprise aux plus hauts échelons du système de rémunération de la société à laquelle vous vous serez associée.

Vous générerez des revenus aujourd'hui en augmentant votre volume de ventes, des revenus demain en recrutant davantage de prospects, et des revenus continus en formant d'autres entrepreneures prospères.

Plus tôt vous commencerez, plus tôt vous jouirez de tous les avantages qui sont dévolus à une superstar de la vente directe :

- La famille d'abord ;
- La sécurité financière ;
- Les amitiés ;
- La souplesse des horaires ;
- La liberté ;
- Les récompenses ;
- Le plaisir.

Si vous évoluez dans l'industrie de la vente directe ou du marketing relationnel et que votre entreprise n'est pas dotée d'une structure de « party plan », vous pouvez y intégrer ce concept. Mes stratégies vous aideront à communiquer efficacement avec 1, 10 ou 100 clients éventuels. Ces stratégies donneront de l'énergie à vos présentations et du pep à vos réunions, vos ateliers de formation et vos lancements de produits.

Un grand nombre d'entreprises de vente directe, de marketing à paliers multiples et de marketing relationnel ont adopté le concept de « party plan » pour rejoindre une clientèle plus vaste. Lorsque des compagnies organisent des soirées d'information ou des séminaires professionnels, elles utilisent les techniques du « party plan ». La seule différence, c'est que le produit dont elles font la promotion est leur entreprise.

Si votre produit se prête à la démonstration, à la présentation ou à l'expérience, il est sensé d'en faire la commercialisation devant des groupes. Pourquoi en parler à une seule personne quand vous pouvez en parler à 10 ?

Si votre produit est nouveau, unique ou innovateur, plus rapidement vous vous ferez une place sur le marché, plus la concurrence aura de la difficulté à s'imposer.

Si vous êtes convaincue que votre produit est de meilleure qualité ou a une plus grande valeur que tout ce qui est offert en magasin, par le biais du télémarketing ou en ligne, la vente à domicile est un moyen efficace de le faire connaître.

J'étais une jeune maman lorsque j'ai découvert l'industrie de la vente directe. J'élevais ma famille et je travaillais comme institutrice. Chaque jour de la semaine, je devais laisser mon bambin et ma fille de deux ans à une baby-sitter pendant mes heures d'enseignement. Le soir, après les avoir bordés, je préparais mes cours pour mes écoliers de 9 ans. Pendant les week-ends, je m'efforçais de vaquer à mes tâches ménagères et de me consacrer à ma famille. Je n'étais pas toujours à la hauteur.

Mes enfants méritaient mieux, mais je devais travailler. Les factures devaient être payées. Lorsque j'ai vu une petite annonce intitulée « Travaillez à partir de la maison », j'ai eu une révélation et j'ai composé le numéro de téléphone indiqué. Moins de huit heures plus tard, une femme élégante était assise à la table de ma cuisine. Elle m'a fait passer une entrevue de tout au plus 30 minutes et, à mon grand ravissement, j'ai obtenu l'emploi.

Ce n'était pas exactement ce à quoi je m'attendais, mais le travail semblait suffisamment excitant pour que j'abandonne ma carrière d'institutrice pour vendre des produits cosmétiques et des colorants pour cheveux à titre de consultante indépendante à domicile. Cela signifiait troquer un salaire d'institutrice assorti d'avantages sociaux contre un plan de rémunération à la commission et la promesse de revenus à la hauteur de l'ardeur que je mettrais au travail. J'ai saisi cette occasion comme une seconde chance qui allait me permettre d'être la mère que mes enfants méritaient.

Ma marraine s'était trouvée au bon endroit au bon moment lorsque j'ai pris ma décision. En effet, elle a quitté l'industrie peu de temps après et je n'ai plus jamais entendu parler d'elle. Elle a donc eu peu d'influence sur moi, mais en revanche l'impact qu'elle a eu sur ma vie a été énorme.

N'ayant aucune expérience de la vente et des produits de beauté (étant une mère qui travaillait, c'est à peine si je trouvais le temps de me laver le visage et encore moins de suivre une méthode d'entretien de soins de la peau), j'ai décidé d'apprendre. Tout comme j'étais tombée sur cette industrie par hasard, j'ai souvent trébuché par la suite.

Mon kit de démarrage consistait en une mallette contenant des échantillons de produits de beauté, dont un seul duo d'ombre à paupières. Pour en avoir davantage, je devais les acheter. Et tout au long de ma première semaine de travail, j'ai dû persuader mes clientes que les yeux fardés de turquoise chatoyant et de blanc étaient à la dernière mode. J'ai envie de rentrer sous terre quand je repense à mes premiers essais comme maquilleuse.

Mais comme je crois que tout est difficile jusqu'à ce que ça devienne facile, j'ai donc commencé à faire l'acquisition de produits de démonstration et j'ai approfondi mes connaissances jusqu'à ce que je puisse en offrir une vaste sélection à mes clientes et des conseils plus judicieux.

Je ne suis pas devenue une superstar du jour au lendemain, mais j'étais prête à travailler et à apprendre, et cela a été rentable. Chaque changement que j'apportais dans ma vie était un petit pas en avant, et tant et aussi longtemps que j'allais de l'avant, j'avais le sentiment de faire des progrès. J'ai appris que si les choses allaient mal pour moi, il me fallait changer et ne pas m'attendre à ce que ce soit les autres qui changent. Mais la plus grande leçon que j'ai apprise, c'est qu'il faut non seulement du courage, mais aussi de la confiance pour créer une entreprise.

J'ai changé ma vie grâce à la vente directe. J'ai changé la vie de ma famille. Nous avons le mode vie que nous avons toujours voulu et tout l'argent nécessaire. Que pourrions-nous demander de plus ?

Et c'est pourquoi, plus de 25 ans plus tard, lorsqu'on me demande d'expliquer ce qui rend cette industrie magique, je suis en mesure de donner 12 raisons :

1. Les quelques euros que vous investissez dans votre trousse de démarrage seront généralement égalés plusieurs fois, sous forme de produits et fournitures, par la société à laquelle vous avez choisi de vous

associer. Je ne connais aucun autre investissement dont la valeur double ou triple dès le premier jour.

2. Le kit de démarrage n'est que le premier élément du soutien dont vous bénéficierez. Étant donné que la société a tout intérêt à ce que vous réussissiez, elle fera tout ce qui est en son pouvoir pour vous aider, de la formation et la reconnaissance au soutien commercial, technologique et administratif.
3. Le système de rémunération (qui est parfois appelé plan de récompense, plan marketing ou plan de carrière) ouvre la voie à la réussite d'une manière simple, étape par étape. Décidez de ce que vous voulez faire de votre entreprise, et le système vous guidera.
4. Bien que vous travailliez à votre compte, vous ne serez *jamais seul*. Votre marraine et la lignée ascendante vous soutiendront de leur mieux, tout d'abord parce qu'elles seront rémunérées en fonction de vos résultats ; si vous ne générez aucun revenu, elles n'en génèrent pas non plus.
5. Votre apprentissage sera lucratif. L'enthousiasme compte plus que l'expérience, et vous pourrez vous exercer auprès d'amies, de membres de votre famille et de voisines afin d'acquérir confiance et habiletés.
6. C'est un secteur d'activité où tout le monde gagne. En échange de leur aide lors de l'organisation de vos premières réunions de vente, vos amies et les membres de votre famille recevront des produits gratuits et des privilèges d'achat. Ces mêmes récompenses encourageront *leurs* amies à recevoir chez elles, et d'autres « party plan » en découleront. Ce généreux programme de récompense vous aidera à élargir sans cesse le cercle de vos contacts professionnels.

7. Vous bénéficierez des mêmes avantages fiscaux dont peuvent se prévaloir tous les entrepreneurs qui travaillent à partir de la maison, et ce, dès le début. Si vous arrivez à démontrer un réel intérêt à générer des profits, même vos coûts de démarrage peuvent être déductibles.

Secret de Superstar

Vous ferez une découverte excitante lorsque vous examinerez le système de rémunération de l'industrie de la vente directe, car sa structure est à paliers multiples. La majorité des entreprises de vente à domicile sont dotées de ce système de rémunération qui vous permet de générer des revenus de trois façons :

1. Des commissions sur vos ventes personnelles. Plus vos ventes sont élevées chaque mois, plus votre commission est importante. Plus vous organisez de réunions, plus vous augmentez vos ventes.
2. Des primes à la formation sur les ventes réalisées par les vendeuses que vous attirerez dans l'entreprise (en les parrainant ou les recrutant). Ces primes seront votre récompense pour avoir présenté votre entreprise et partagé vos habiletés.
3. Des primes additionnelles sur les ventes de celles qui deviendront managers. L'industrie les appelle « managers indépendantes ». Plus vous en formerez, plus vous augmenterez vos revenus.

8. C'est vous qui déciderez avec qui, quand et où vous travaillez. Plus de paresseux collègues subventionnés, d'heures supplémentaires sous-payées, ni de demandes d'augmentation. Vous pourrez dire adieu aux intrigues de bureau et vous entourer de gens qui vous

ressemblent, de gens qui vous motiveront à donner le meilleur de vous-même.

9. Vous garderez pour vous la majeure partie de ce que vous gagnerez. Il en coûte très peu pour exploiter une entreprise à domicile. Il n'y a pas de personnel à payer, de local à louer, ou d'investissement dans les stocks, le marketing et les fournitures. Vos dépenses seront minimes parce que vous ne paierez que pour les produits et fournitures que vous vendrez ensuite ou utiliserez vous-même.
10. Vos efforts seront reconnus. Chaque pas en avant vous vaudra des félicitations et vous serez applaudie à chaque nouvelle étape que vous franchirez.
11. Une fois que vous aurez maîtrisé les habiletés propres au «party plan», vous n'aurez qu'à continuer à les appliquer pour propulser votre entreprise vers le sommet.
12. Mieux encore, vous prendrez votre destinée en main. Si vous êtes prête à travailler et à apprendre, vous pourrez jouir d'un mode de vie dont la majorité des gens ne peuvent que rêver.

Pourquoi vous contenter d'être un simple rouage dans l'engrenage de plus en plus rouillé du monde des affaires, sans appréciation, contrôle ni sécurité, quand vous pouvez être à la tête de votre propre entreprise et choisir quand vous travaillez, avec qui vous travaillez et combien vous gagnez?

En tant que femme, pourquoi accepter les inégalités qui règnent dans le monde du travail. Pourquoi accepter d'être payée 75 euros alors qu'un homme touche 100 euros pour une même tâche, et ce uniquement à cause de votre sexe? (*Source*: Recensement des É.-U.)

Pourquoi gaspiller des années à gravir l'échelle organisationnelle pour finalement découvrir que cette échelle est appuyée sur le mauvais mur ? Actuellement, seulement 15 femmes sont à la tête d'entreprises citées par Fortune 500, et seulement 28 parmi celles qui sont citées par Fortune 1000. Ces statistiques constituent des preuves accablantes que les femmes qui choisissent la voie d'une carrière en entreprise sont lourdement désavantagées. (*Source* : CNNMoney.com)

Pourquoi sacrifier votre vie familiale pour gagner un euro quand la vente directe peut vous permettre d'être fidèle à vos valeurs et de devenir en même temps une entrepreneure prospère ?

Lorsque vous exercez un contrôle sur vos revenus, vous exercez un contrôle sur votre vie et, pour les femmes, l'industrie de la vente à domicile arrive en tête des meilleurs choix de carrière.

Mon entreprise de vente à domicile a transformé ma vie, et votre entreprise pourra transformer la vôtre. Il n'y a pas de raccourcis, mais ce livre est truffé de stratégies qui ont accéléré ma réussite, ainsi que d'un grand nombre de mes secrets de superstar. Il suffit que vous les appliquiez pour prendre une longueur d'avance sur la concurrence. Et en partageant ces stratégies avec toutes les distributrices que vous parrainerez, vous multiplierez plusieurs fois cet avantage concurrentiel.

Cessez d'attendre dans les coulisses de votre vie. Il est temps de vous lever et de faire de vos réunions de vente le plus grand spectacle sur terre.

PREMIÈRE PARTIE

Qui veut être une superstar ?

CHAPITRE 1

Allumez la flamme

Ce qui me plaît le plus dans l'industrie de la vente directe, c'est qu'elle nous permet de vivre selon des règles différentes. Nous pouvons avoir tout ce qui nous tient à cœur. Nous n'avons pas à nous demander : *Est-ce que j'en ai les moyens ?* comme le font les travailleurs à salaire fixe. Avec des revenus illimités, il n'y a pas de limites à nos désirs.

Avant tout, vous devez trouver un but pour lequel il vaut la peine de travailler. Les petits buts ont le même pouvoir qu'une batterie à plat. Les buts ambitieux vous garderont dynamique et enthousiaste, même après avoir essuyé un quatrième refus d'affilée.

Fixez-vous un but si puissant qu'il éclipsera l'ensemble des déceptions, doutes, prophètes de malheur ou distractions que vous rencontrerez en cours de route. Si les dettes vous retiennent derrière la ligne de départ, fixez-vous un but qui vous en libérera. Imaginez comment vous vous sentirez lorsque vous aurez payé vos cartes de crédit, que vous aurez remboursé votre prêt étudiant ou que vous vivrez dans une maison qui ne sera plus grevée d'une hypothèque.

Si vous êtes malheureuse au travail, commencez à planifier votre stratégie de départ. Vous méritez mieux que des collègues fainéants ou un patron qui ne vous adresse la parole que lorsqu'il veut quelque chose. Si votre travail draine toute votre énergie, peu importe le salaire qui y est assorti, à quoi bon vous y accrocher ?

Si vous passez les meilleures années de la vie de vos enfants à travailler, bien que votre cœur vous dise que, lorsqu'ils auront quitté la maison, vous regretterez de ne pas avoir été auprès d'eux pendant qu'ils grandissaient, alors organisez-vous pour travailler chez vous.

Avec une entreprise de vente à domicile, vous pouvez avoir le meilleur des deux mondes – être la mère que vos enfants méritent *et* être une entrepreneure prospère.

La voie de la facilité est de vous en tenir à ce que vous connaissez, bien à l'aise dans votre zone de confort. Mais le prix de la sécurité est élevé. En vous soumettant à la même vieille routine jour après jour, ou en vous accrochant à un emploi qui ne vous apporte plus rien, vous renoncez peut-être à une occasion de vivre une vie extraordinaire.

Toutes les superstars de la vente directe que je connais sont animées de la passion d'améliorer leur vie. Leur cheminement vous inspirera certainement à trouver un but pour lequel vous serez vous aussi passionnée.

Le but de Sophie est de posséder une vache :

« J'ai grandi sur une ferme. Tous les matins, à mon réveil, je voyais nos deux vaches apprivoisées dans l'enclos sous ma fenêtre. Lorsque je me suis mariée, mon mari et moi avons déménagé plus près de la ville. J'adore avoir ma propre maison, mais lorsque j'ouvre les stores le matin, je ne vois que la clôture du voisin. Mon but est d'économiser suffisamment d'argent pour faire un versement initial sur un terrain à la campagne et, un jour, y faire construire la maison de nos rêves. Je veux que mes enfants grandissent dans une maison entourée de terres. Je veux que, de la fenêtre de leur chambre, ils voient paître des vaches. Je veux qu'ils aient la même merveilleuse enfance que mes parents m'ont donnée. »

Le but de Jeanne est un sourire pour son mari :

« Mon mari est le plus merveilleux des hommes. Nous nous sommes rencontrés à l'école et nous nous sommes mariés immédiatement après avoir obtenu notre diplôme. C'est le meilleur des maris. Nous avons trois enfants magnifiques et il travaille dur afin que sa famille ne manque de rien. Mais il ne sourit jamais. D'ailleurs, il ne souriait jamais lorsque je l'ai connu, et je croyais qu'il n'en était que plus mystérieux. Mais il ne sourit pas sur nos photos d'étudiants de dernière année, et il ne sourit pas sur notre photo de mariage. Et c'est parce qu'il a honte de ses dents. Il aurait tellement plus confiance en lui s'il pouvait les faire réparer, mais tout ce qu'il gagne va à notre maison et aux enfants. Il ne reste jamais rien lorsque toutes les factures sont payées. Mon but est de gagner suffisamment d'argent pour être en mesure de donner un chèque à mon mari et de lui dire : « C'est pour tes nouvelles dents. »

Le but d'Anne est une seconde lune de miel :

« Lorsque nous nous sommes mariés, mes parents nous ont offert un voyage à Hawaï en guise de cadeau de mariage. Cela a été la plus belle semaine de ma vie. C'était il y a neuf ans et nous ne sommes jamais allés nulle part ensemble depuis. Mon but est d'acheter deux billets d'avion et de fêter notre 10e anniversaire de mariage à Hawaï, et d'y revivre notre lune de miel. »

Si vous jumelez un but porteur de sens avec une échéance réaliste, vous pourrez déplacer des montagnes afin de l'atteindre.

Les buts à long terme favorisent la procrastination. Lorsque la récompense est hors de vue, nous sommes moins portées à continuer à aller de l'avant lorsqu'un obstacle se dresse devant nous. Quelle différence cela fera-t-il si vous ne faites rien aujourd'hui puisqu'il vous faudra 10 ans pour atteindre ce but ?

Les buts à court terme sont alimentés par un sentiment d'urgence. Peu importe les défis que vous aurez à relever, vous trouverez plus facile de ne pas dévier de votre route si vous pouvez voir la ligne d'arrivée. Avec le fruit de vos efforts en ligne de mire, vous trouverez la force de progresser.

Secret de Superstar

Commencez chaque journée en vous fixant un but qui fait briller vos yeux, un but si excitant que vous pouvez sentir votre cœur battre plus vite chaque fois que vous y pensez. Si vous n'avez pas une réaction immédiate, émotionnelle et instinctive lorsque vous pensez à votre but, creusez davantage, jusqu'à ce que vous en trouviez un qui vous exalte.

Lorsque vous trouvez un but qui vous enthousiasme, collez-en une image sur un mur ou affichez-la sur le fond d'écran de votre ordinateur de manière à vous rappeler chaque jour pourquoi vous faites des appels, effectuez des suivis et roulez des dizaines de kilomètres à travers la ville. Laissez l'image de votre nouvelle cuisine, de la voiture de vos rêves, d'un véhicule récréatif, de vacances familiales ou de nouvelles dents vous garder dynamique et enthousiaste.

Si vous devez diriger votre entreprise assise à la table de votre cuisine ou après avoir passé huit heures au bureau, ou lorsque vos enfants font la sieste, ne vous laissez pas arrêter par ces détails. Si vous ne bénéficiez pas du meilleur soutien au monde, n'en faites pas une excuse. Vous ne pouvez pas vous trouver des excuses et progresser en même temps.

Pour trouver le véritable bonheur, vous devez être prête à sortir de votre zone de confort et à partir en quête de ce que vous voulez vraiment dans la vie. Alors, visez haut. Il n'y a aucune raison de n'avoir que peu d'ambition lorsque vous avez à votre disposition toutes les ressources de la société à laquelle vous vous êtes associée. Et il n'y a aucune raison de stagner dans la médiocrité lorsque vous avez la capacité de faire de vos rêves une réalité.

CHAPITRE 2

Il suffit d'y croire

Plus de 15 millions d'Américains, en moyenne 1 personne par tranche de 10 ménages, évoluent dans l'industrie de la vente directe. Cinq millions d'entre eux ont opté pour la formule du « party plan », et la grande majorité est composée de femmes (98 pour cent, selon l'Association de la vente directe).

La raison en est simple : les femmes naissent avec toutes les habiletés nécessaires pour réussir en tant qu'entrepreneures autonomes. Les femmes ont une habileté innée lorsqu'il s'agit de :

- Partager ;
- Tisser des réseaux ;
- Éduquer ;
- Organiser ;
- Faire plusieurs choses à la fois.

L'HABILETÉ À PARTAGER FAIT PARTIE DE NOTRE ADN. Les femmes sont toujours en train de parler, de faire des recommandations et d'échanger des histoires à propos de ce qu'elles aiment. Lorsque nous voyons un excellent film, lisons un livre extraordinaire, ou découvrons une nouvelle recette, nous pensons immédiatement : « Ma sœur Stéphanie adorerait ça » ou « Ce serait parfait pour mon amie Sophie ». Cela ne nous gêne pas de demander des conseils à nos amies. Leurs idées, suggestions et recommandations nous inspirent confiance.

Même le vendeur le plus inexpérimenté sait que la vente n'a pas trait à des faits, des chiffres et des statistiques. Vendre, c'est partager des histoires et des témoignages formidables de manière à ce que les autres puissent bénéficier de nos connaissances et expériences. Dès que nous apprenons à déceler le moment où il convient d'arrêter de parler et de commencer à écouter, nous commençons à briller dans le domaine de la communication.

✻ LES FEMMES TISSENT INSTINCTIVEMENT DES RÉSEAUX. Aucune formation n'est requise lorsqu'il s'agit de rencontrer des gens. Il est pratiquement impossible pour nous, les femmes, de nous tenir à côté de quelqu'un pendant quelques minutes et de *ne pas* lui parler. En quelques secondes, nous pouvons entamer une conversation, même avec des étrangers. Vous n'entendrez jamais un homme dire à son voisin dans une file d'attente : « J'adore vos chaussures ! »

✻ LE MENTORAT VIENT NATURELLEMENT AUX FEMMES. Les femmes sont des éducatrices de nature, et c'est cette qualité qui fait grandir une entreprise de vente à domicile. Nous obtenons ce que *nous* voulons en aidant les autres à obtenir ce qu'*ils* veulent. C'est comme élever des enfants. Notre principale responsabilité en tant que parent est d'éduquer nos enfants de manière à ce qu'ils deviennent des adultes indépendants. Nous jouons le même rôle dans notre entreprise de vente directe lorsque nous guidons nos consultants de manière à ce qu'ils deviennent des propriétaires d'entreprises indépendants.

❋ LES FEMMES SONT DES ORGANISATRICES-NÉES. Il n'est pas nécessaire d'avoir un diplôme en gestion pour diriger une entreprise. J'ai un diplôme universitaire, j'ai fondé des entreprises florissantes, j'ai dirigé deux sociétés de vente directe et j'ai été présidente de deux associations nationales. Je partage mes connaissances avec vous pour une seule raison : je n'ai pas acquis mes habiletés de gestionnaire dans l'un ou l'autre de ces rôles, mais en organisant ma vie, mon foyer et ma famille. Si vous êtes capable de tenir maison, d'élever des enfants et de planifier votre vie, vous avez tout ce qu'il faut pour diriger une entreprise multimillionnaire.

❋ LA POLYVALENCE EST UN DON QUE NOUS AVONS REÇU DE DIEU. Nous nous épanouissons grâce à nos superpouvoirs. Nous pouvons faire le ménage, les courses et nous occuper de nos enfants en même temps. Nous lisons nos mails en faisant des appels, et nous planifions notre horaire du lendemain en préparant un repas. Nous y arrivons parce que nous établissons des priorités et nous nous attaquons à ce qui doit être fait. Pour ériger une entreprise de vente à domicile, il faut savoir jongler avec plusieurs balles – organisation de réunions, coaching, présentations, commandes, service à la clientèle, prospection, parrainage (sponsoring, sponsorisation) et mentorat. Les femmes peuvent accomplir tout cela, car elles sont faites pour cela.

Les femmes et les affaires vont de pair. Les statistiques le prouvent : selon des sources publiques, les femmes sont les propriétaires de plus de 10 millions d'entreprises privées en Amérique, générant annuellement des ventes de plus de 2,3 billions d'euros (voir http :/www.score.org/women_stats. html).

Mais la situation d'ensemble de la majorité des petites entreprises n'est pas toujours rose. Le taux d'échec est élevé et le manque d'argent les paralyse presque toutes. Outre l'investissement initial, l'entreprise doit disposer de liquidités pour survivre. Les frais indirects fixes peuvent déstabiliser une entreprise lorsque les clients se font rares à cause de cycles saisonniers ou de fluctuations économiques. Dans ce contexte, les femmes devraient réfléchir sérieusement aux risques qu'elles sont prêtes à courir pour se lancer en affaires.

Le fait que vous n'ayez rien à investir pour lancer une entreprise de vente à domicile est très attrayant. Pourquoi risquer votre propre capital lorsque de nombreuses sociétés souhaitent ardemment être votre bailleur de fonds ?

L'isolement est un défi que de nombreux propriétaires de petites entreprises doivent relever. Se lancer seul en affaires peut être difficile. Les femmes s'entraident et de nombreuses entreprises sont dirigées en solo.

Récemment, je suis allée passer une journée dans un spa et j'ai bavardé avec la dynamique jeune femme qui en est la propriétaire. Elle avait toujours rêvé d'être à la tête d'une entreprise et elle avait tout fait pour y arriver. Elle n'avait toutefois pas tenu compte d'un facteur lorsqu'elle avait créé son affaire : la solitude. Elle n'avait pas d'associés, pas de collègues et pas de réseau de soutien. Je n'ai pas pu m'empêcher de me sentir désolée à l'idée qu'elle n'ait pas songé au « party plan » dans sa recherche d'une petite entreprise, car elle aurait eu tout le soutien qui lui manquait tant.

Si ni l'argent ni le soutien ne sont un problème, qu'est-ce qui pourrait vous retenir ? En tant que femme, il est probable que vous surestimez le défi et que vous vous sous-estimiez. Songez seulement à la façon dont nous, les femmes, nous regardons dans le miroir : nous scrutons chaque petite imperfection. Vous devez cesser de douter de vous-même et surmonter votre incertitude pour réaliser pleinement votre potentiel dans la vie.

On ne peut pas afficher le mot « Réservé » sur la réussite dans l'industrie de la vente directe. Surtout lorsqu'il s'agit du sexe de l'entrepreneur. Des millions de femmes ont transformé leur vie grâce au concept du « party plan ». Et chacune d'elles a illuminé la voie qui vous guidera tout au long de votre voyage.

Si vous le voulez, et si vous êtes prête à travailler, vous pouvez réussir.

DEUXIÈME PARTIE

Créez votre entreprise

CHAPITRE 3

Maîtrisez l'art de la vente

Le « party plan » consiste à faire connaître des produits que nous aimons, mais nous ne sommes rémunérés que lorsque quelqu'un les achète, et dans toutes les langues du monde, cela s'appelle *vendre*.

Débarrassons-nous donc du facteur « peur » qui colle à la notion de vente, et plus particulièrement de cette peur qui a trait à la réfutation des objections et à la conclusion de la transaction. Que vous vendiez un produit, organisiez une réunion de vente ou recrutiez une nouvelle représentante, les principes demeurent les mêmes. Ce ne sont que leurs applications qui changent.

Secret de Superstar

Oubliez les fiches aide-mémoire, les tableaux à feuilles mobiles et les présentations scénarisées et soyez vous-même. La majorité des gens ont des antennes très efficaces pour détecter les « faux acteurs ». Même si vous tentez d'avoir l'air sincère, vous ne vous rendrez pas service en jouant un rôle que quelqu'un d'autre a écrit. Le texte doit être de votre cru.

Vendre, c'est établir des liens. Ça ne cliquera pas avec tout le monde, mais tel n'est pas votre but. Vous cherchez des gens qui sont parfaits pour *vos* produits, réceptions et occasions d'affaires, parce que *vos* produits, vos réceptions et vos occasions d'affaires sont parfaits pour eux.

Plus vous parlerez à un vaste auditoire, plus vous aurez de chances de trouver ces gens. Le « non » fait partie du processus et je connais des représentantes qui comptent les refus afin de déterminer si elles entendront bientôt le mot magique : oui !

Demandez à mille superstars de la vente directe comment elles ont atteint le sommet, et elles vous diront toutes que leur réussite repose sur la cohérence et la persistance. La discipline est un élément essentiel du succès. Il n'y a pas de raccourcis, de trucs magiques ou de formules secrètes. L'unique façon de vous constituer une clientèle est de parler aux gens.

Vous ne pouvez exercer aucun contrôle sur les décisions des autres. Vous ne pouvez que contrôler le nombre de personnes à qui vous vous adressez et vos aptitudes à représenter votre entreprise. Si vous jumelez l'honnêteté avec l'enthousiasme et faites preuve de respect envers vos clientes éventuelles, vos hôtesses et vos recrues, vous serez convaincant.

Secret de Superstar

Imaginez que chacune de vos clientes éventuelles, hôtesses et recrues possède une minuscule veilleuse au fond du cœur. Votre tâche consiste à allumer la flamme et à les amener à commander des produits, à organiser une réunion de vente ou à signer comme représentante.

Les expériences, la situation et les ambitions de chaque personne diffèrent et vous devrez donc tenter de trouver des combustibles différents pour allumer cette flamme.

Exposez les avantages de vos produits, réceptions et occasions d'affaires de manières variées. Vous saurez que vous avez trouvé le bon combustible quand vous verrez des regards s'allumer. Si vous ne voyez pas la flamme jaillir, changez de sujet.

Un grand nombre de représentantes dans l'industrie de la vente directe affirment que le plus difficile est d'apprendre à répondre aux questions et à réfuter les objections. Mais ne vous laissez pas déstabiliser par les questions et les objections. Elles révèlent ce que pensent vos prospects.

Vous aurez un plus gros problème si les gens ne posent *pas* de questions, car vous ne saurez absolument pas à quoi ils pensent. Lorsque vous avez confiance en vos produits et en votre entreprise, vous êtes en mesure de voir dans les objections une invitation à présenter davantage d'information.

Dites-vous que chaque personne qui pose une question cherche véritablement à trouver une réponse. Certaines questions se solderont par un « non », et vous devrez faire un tri afin de trouver le « oui ». Si vos prospects disent « oui » alors que des questions restent non résolues, ils ne seront pas satisfaits. Et devinez sur qui ils en jetteront le blâme ? Si votre entreprise ne convient pas à vos prospects, n'insistez pas.

Comment réfuter les objections

En insistant, vous ne réfutez *pas* une objection. Supposons que votre prospect dit : « Je ne me vois pas du tout comme vendeuse. »

Si vous répondez : « Vous serez excellente », vous faites preuve d'indélicatesse en ignorant une préoccupation réelle.

Si votre prospect dit : « Je ne pourrais pas faire ça... », cela peut indiquer qu'elle manque de confiance en elle. En affirmant : « Je suis certaine que vous y arriveriez ! » vous ne prenez pas ses craintes au sérieux et ne faites rien pour la rassurer.

Dire : « Ce n'est pas de la vente » est malhonnête. Lorsqu'une chose a l'air d'un canard, il y a de fortes chances que ce soit un canard.

Un moyen simple de vous rappeler comment réfuter les objections consiste à penser aux voyelles A, E, I, O, U.

« A » pour Accord

En vous montrant d'accord avec l'objection, vous faites preuve de respect envers votre prospect *et* ses inquiétudes. Elle réalise alors que vous l'écoutez ! Si votre prospect dit : « Je ne me vois pas comme vendeuse », répondez : « Je suis d'accord avec vous. Vous n'avez vraiment pas l'air d'une vendeuse. Mais voulez-vous savoir pourquoi je vous ai fait cette offre ? »

Maintenant que vous parlez d'*elle*, votre interlocutrice aura envie de connaître ce qui vous motive. En vente, le mot magique est « parce que ». Essayez de dire : « Je vous ai fait cette offre parce que vous m'apparaissez comme une personne authentique. Le fait que vous aimez les produits sera toujours plus crédible qu'un boniment de vente. » Ou vous pourriez dire : « Parce que vous êtes amusante et que cette industrie est amusante. »

Si vous faites un compliment sincère *et* répondez à ses préoccupations, votre interlocutrice se sentira flattée par le fait que vous ayez songé à elle et, même si elle décline votre offre, elle sera heureuse d'entendre votre voix la prochaine fois que vous l'appellerez.

« E » pour Empathie

Vous pouvez faire preuve d'empathie en disant : « Je sais comment vous vous sentez. »

Si votre prospect dit : « Je ne suis pas sûre de pouvoir vendre », vous pourriez répondre : « Je sais comment vous vous sentez. Je n'avais moi-même jamais vendu quoi que ce soit auparavant et je n'étais pas certaine d'en être capable. Mais quand j'ai vu l'enthousiasme des gens devant les produits, j'ai trouvé ça excitant. Qu'est-ce qui vous fait le plus peur ? Est-ce de présenter les produits ou de demander aux gens s'ils veulent en commander ? » Votre question reflète un intérêt réel.

Ou vous pourriez dire : « Nous sommes toutes nerveuses au début. Mais je vous promets que ça ne dure pas longtemps ! »

Supposons que votre prospect dit : « Je suis trop occupée. »

Vous pourriez répondre : « Avec deux enfants de moins de 5 ans, j'imagine très bien que vous ayez peu de temps pour vous-même. Je sais ce que c'est. Mes deux enfants avaient moins de 5 ans lorsque je suis entrée dans l'industrie. Mais j'ai simplement commencé par vendre à des amies et à des membres de ma famille. Ce revenu supplémentaire a fait une énorme différence pour ma famille. »

Ou dites : « Je sais comment vous vous sentez. Je travaillais à plein temps lorsque j'ai découvert le "party plan". Il n'y a pas de mal à commencer à une échelle réduite. Je n'organisais qu'une seule réunion de vente par semaine au début, et je faisais plaisir à ma famille avec l'argent que cela me rapportait. »

Lorsqu'un prospect soulève des objections à propos du manque de temps, expliquez-lui comment votre compagnie est innovatrice lorsqu'il s'agit de gagner du temps. Par exemple, si elle expédie des bulletins d'information personnalisés en votre nom, dites à votre prospect que cette démarche génère des ventes sans que vous ayez à fournir beaucoup d'efforts. Si votre entreprise se charge de l'expédition des produits, dites à votre prospect que cela lui fera gagner beaucoup de temps. Les prospects dont les parents ont déjà travaillé dans l'industrie de la vente directe ne réalisent pas toujours à quel point cette dernière a changé en une seule génération.

La personne qui a de la difficulté à trouver une baby-sitter sera heureuse d'apprendre que la formation est accessible en ligne, sur CD et DVD et par le biais de séminaires Web, de fichiers balados et des audioconférences. Elle peut être suivie en direct, ou être téléchargée à partir des archives de la société au moment qui lui convient.

Vous entendrez souvent la question suivante : « Mais comment vais-je apprendre tout ça ? » Dites alors : « Bonne question. Je ne connaissais pas grand-chose à la vente lorsque j'ai commencé. Mais la formation offerte est fantastique et j'ai trouvé cet apprentissage très intéressant. »

Parfois, les gens soulèvent une objection pour s'opposer à une trop forte pression. Si vous entendez trop d'objections, essayez de mettre la pédale douce. Il y a de fortes chances que ce que vous croyez être de l'enthousiasme soit perçu par les autres comme un boniment de vente intensif. Si vous êtes détendue, vos prospects le seront également.

Dans cette industrie, l'empathie vous mènera plus loin que n'importe quel effort visant à convaincre vos prospects que leurs doutes ou leurs craintes sont sans fondement.

Lorsque j'ai créé mon entreprise, j'étais tellement nerveuse que mes genoux claquaient lorsque je me levais pour parler. Quelqu'un m'a suggéré de suivre un atelier chez Toastmasters, une association qui aide les gens à parler en public avec confiance. J'ai trouvé le courage d'assister à une réunion.

Dix minutes après être entrée dans la salle, je savais deux choses. Premièrement, j'allais mourir si l'on me demandait de parler et, deuxièmement, je ne reviendrais jamais. Cela serait ma première et dernière expérience avec Toastmasters.

Tous les gens présents étaient si raffinés et avaient une telle confiance en eux. Où se trouvaient donc les gens qui, comme moi, avaient besoin d'aide ? Je me suis assise et j'ai essayé de me faire invisible jusqu'à ce qu'une occasion de fuir se présente.

Lorsque le moment de la pause est arrivé, j'ai tenté ma chance, mais avant même que je puisse sortir, un homme s'est avancé vers moi et a dit : « Je sais comment vous vous sentez. La première réunion est difficile. Mais vous devez savoir que tous ceux qui sont ici sont venus parce qu'ils avaient besoin d'aide. La seule différence entre vous et le reste d'entre nous, c'est que nous avons assisté à un plus grand nombre de rencontres. »

L'empathie exprimée par cet homme m'a empêchée de faire l'une des plus grandes erreurs de ma vie. En persévérant, malgré mes craintes, j'ai fini par apprendre à contrôler ma nervosité. Suivre le programme de Toastmasters est l'une des meilleures décisions que j'aie prises. Et dire que je suis passée à un cheveu de partir.

« I » pour Inviter

Vous apprendrez beaucoup de choses en invitant les gens à vous faire des confidences. Plus vous poserez de questions, plus de réponses vous obtiendrez. Abordez ce processus comme vous le feriez avec n'importe quelle conversation. Vous ne pourrez jamais vous tromper en demandant aux gens de parler de leur sujet favori : eux-mêmes.

Apprenez à poser des questions précises. Supposons que vous vendiez des suppléments nutritionnels. Si vous me posiez une question générale portant sur mon alimentation, je vous répondrais probablement : « J'essaie de faire attention à moi. » Une telle réponse ne vous mène absolument nulle part.

Si vous me demandiez s'il y a une chose que je changerais dans mon alimentation, vous ne me laisseriez aucune échappatoire et il est fort probable que je vous avouerais manger trop de chocolat. Vous auriez alors un sujet précis à aborder avec moi, et vous pourriez même utiliser ma réponse pour faire preuve d'empathie : « Moi, ce sont les boissons gazeuses. Si seulement je pouvais me débarrasser de cette mauvaise habitude… »

Si vous posez des questions précises, je vous garantis que vous obtiendrez des réponses révélatrices : « Je mangerais moins d'aliments vides » ou « Je mangerais moins ». Et vous sauriez alors comment poursuivre la conversation.

Je propose comme pire question de tous les temps : « Qu'est-ce qui vous conviendrait le mieux, mardi ou jeudi ? » C'est intéressé et tellement artificiel. Si vous ne respectez pas vos clientes et vos prospects, ils ne vous respecteront pas !

« O » pour Offrir vos préoccupations

Si vos prospects gardent le silence, cela ne veut pas dire qu'ils n'ont pas de questions à poser. Il est fort probable qu'ils ont des préoccupations, mais qu'ils ne les expriment pas. Ouvrez le bal en offrant quelques-unes de vos propres préoccupations.

Supposons que vous ayez proposé à une hôtesse de devenir consultante et que vous lui demandiez si elle a des questions. Si elle répond : « Je ne crois pas » et que vous en restez là, la partie est perdue.

Mais si vous dites plutôt : « Au début, je me demandais si je connaissais suffisamment de gens. C'était *mon* plus grand souci. Mais lorsque j'ai vu comment les hôtesses étaient récompensées pour leur aide, je n'ai pas pu m'empêcher d'appeler mes amies. »

Il est certain que votre prospect se demande s'il connaît suffisamment de gens. S'il existe un point d'achoppement, vous ne l'éliminerez pas en l'ignorant. Le seul fait d'en parler peut vous aider à le surmonter.

N'hésitez pas à soulever la question des problèmes éventuels. De nombreux prospects se demanderont s'ils sauront maîtriser la connaissance des produits. Rassurez-les en disant : « Ma principale réserve avait trait à ma capacité à bien connaître chaque produit, mais pendant la période de formation, j'ai appris à me concentrer sur quelques produits clés et à me perfectionner à partir de là. »

La ligne peut être extrêmement mince entre un « oui » et un « non ». En omettant de répondre aux préoccupations d'un prospect, vous diminuez vos chances d'entendre : « Je suis prête à commander », « Je pourrais organiser une soirée le mois prochain » ou, encore mieux : « Où dois-je signer ? »

« U » pour Utiliser les objections

Assurez-vous que la conversation aille dans la même direction que le processus de pensée de votre interlocutrice. Si elle dit : « Combien d'argent gagnez-vous ? » elle pense probablement : « Combien d'argent est-ce que *je* vais gagner ? » et c'est donc ce dont vous lui parlerez.

Le fait de parler de vos revenus par réunion aura plus de signification qu'un chiffre d'affaires mensuel ou annuel. Par exemple, vous pourriez dire :

> « En moyenne, mes ventes sont de 500 € par réunion et je touche 30 pour cent de cette somme, soit environ 150 €. C'est ce que j'appelle bien gagner sa vie. »

« Je travaille encore à plein temps, et je n'organise donc qu'une réunion par semaine, ce qui me rapporte entre 500 € et 600 €. Mais je vais bientôt en organiser trois par mois de manière à pouvoir quitter mon emploi. »

« En général, j'organise deux réunions par semaine et je touche environ 300 € pour 6 ou 7 heures de travail, et cela inclut la préparation. Cela revient à environ 45 € ou 50 € l'heure. »

Si votre interlocutrice demande : « Combien en coûte-t-il pour commencer ? » Cela indique qu'elle se préoccupe des dépenses initiales. Ne dites jamais : « On verra ça plus tard. » Elle songe déjà à accepter votre offre, car sinon elle ne poserait pas cette question.

Répondez à sa question et terminez en disant : « Vous payez 149 € pour le kit de démarrage ou 299 € pour la trousse de création d'entreprise. Ce qui est merveilleux, c'est que vous recevez le double de cette valeur en produits et fournitures. Vous êtes donc gagnante dès le départ. »

Comment réfuter les objections relatives à l'organisation des réunions

Il est presque certain qu'on vous fera des objections lorsque vous demanderez à quelqu'un d'organiser une réunion à son domicile. Si vous n'entendez pas d'objections, c'est que vous n'approchez pas suffisamment de gens.

Si vous voyez dans les objections un réel désir de régler un point d'achoppement, vous saurez les traiter avec confiance. Inspirez-vous des réponses qui suivent pour réfuter les objections les plus courantes :

Objection : « C'est trop de tracas. »

Réponse : « Je comprends. J'ai un programme spécial pour mes hôtesses qui sont très occupées. Tout ce que vous avez à faire, c'est de choisir une date et de dresser une liste d'invitées. Je posterai vos invitations et j'apporterai les rafraîchissements. Notre société s'occupe même de la livraison des commandes. »

Objection : « Ma maison est trop petite. »

Réponse : « J'aime bien les réunions intimes. Je peux ainsi accorder davantage d'attention à chaque invitée. Tout ce dont nous avons besoin, c'est d'une petite table, et j'ai justement une table pliante que je peux apporter. »

Ou dites : « J'aime beaucoup la formule "sac". Voici comment ça fonctionne. J'apporte quelques-uns de nos produits les plus populaires dans un sac et nous examinons le reste à partir du catalogue. C'est un peu différent, il n'y a pas de désordre et c'est très amusant. »

Ou dites : « Pourquoi ne pas amener vos amies chez moi ? Tout est déjà installé et vous aurez quand même votre récompense d'hôtesse. »

Objection : « Ça ne m'intéresse pas pour l'instant. »

Réponse : « Très bien. Voulez-vous que je vous envoie une invitation pour l'une de mes réceptions portes ouvertes ? »

Objection : « Je travaille à plein temps. »

Réponse : « Avez-vous déjà fait ça au bureau ? Je vous donnerai un panier rempli de produits et, pendant une semaine, vous pourrez les montrer à vos collègues. Vous n'aurez qu'à le rapporter à la maison vendredi et j'irai le chercher samedi matin, ainsi que les commandes, si vous en avez. Et vous toucherez quand même votre récompense d'hôtesse. »

Objection : « Je n'organise jamais de réceptions. »

Réponse : « Je comprends. Ce n'est pas tout le monde qui trouve ça amusant. Avez-vous déjà songé à une réception portes ouvertes ? Ce n'est pas stressant et vos amies peuvent arriver et repartir à leur guise, et vous touchez votre récompense d'hôtesse. »

Objection : « Je suis trop occupée. »

Réponse : « Céline m'a dit à quel point votre travail est exigeant. Mais ça semble excitant. Puis-je faire quelque chose pour vous aider ? Je serais heureuse de poster les invitations pour vous et je pourrais apporter un plateau de friandises. Ainsi, vous pourrez vous détendre et bavarder en toute quiétude avec vos amies. »

Objection : « Je ne crois pas pouvoir le faire avant quelques semaines. »

Réponse : « Vous pouvez organiser cette réception à la date qui vous conviendra, mais je ne voudrais surtout pas que vous ratiez les cadeaux spéciaux que nous offrons à nos hôtesses ce mois-ci. Ne vous serait-il pas possible de le faire un peu plus tôt ? »

Ou dites : « J'ai encore deux dates qui sont disponibles et si vous pouviez choisir l'une d'elles, je vous donnerai un cadeau spécial [ou 10 pour cent de réduction sur votre commande de ce soir] en guise de remerciement. »

Objection : « Il faut que je vérifie si mes amies sont libres. »

Réponse : « C'est une excellente idée. Choisissons d'abord la date qui vous convient le mieux. Nous pourrons toujours nous ajuster plus tard, mais si vos amies sont comme les miennes, tout le monde suggérera une date différente et vous devrez ensuite toutes les rappeler. »

Objection : « Je ne crois pas que mon mari sera d'accord. »

Réponse : « Je comprends. Et si j'apportais un DVD et du maïs soufflé pour les enfants et lui, et que je promettais que nous aurons terminé avant la fin du film ? »

Objection : « Nous sortons déjà trop. »

Réponse : « Vous devez avoir des amis très amusants. Je crois que les gens organisent ces réceptions à cause des récompenses que nous offrons. Pourquoi rateriez-vous cette occasion ? »

Comment répondre à des questions difficiles

Les questions ne sont pas toujours faciles. Je suis certaine que l'on vous a déjà demandé : « Qu'est-ce qui fait que vos produits sont meilleurs que les autres ? »

C'est peut-être une question pertinente, mais ça peut également être un test. D'une manière ou de l'autre, voici ce qu'il ne faut *pas* faire :

- Utiliser des expressions très générales comme, par exemple : « meilleure qualité ». Ces mots ont tellement été utilisés qu'ils ne veulent plus rien dire.
- Faire des affirmations exagérées comme, par exemple : « Nous avons la croissance la plus rapide [nous avons le meilleur système de rémunération, nos produits sont plus efficaces que les autres]. » Ces déclarations extravagantes ne sont pas professionnelles et vous désignent comme un amateur excessivement enthousiaste.
- Afficher une foi aveugle envers vos produits en disant, par exemple : « Ce sont les meilleurs ! » À moins d'avoir

tout essayé, vous n'avez pas le droit de faire une affirmation aussi radicale.

Vos clientes éventuelles doivent vous trouver crédible avant de songer à acheter vos produits. Pensez seulement à toutes ces fois où vous avez renoncé à faire un achat parce que vous n'aimiez pas le vendeur. Et pensez à ces fois où vous n'aviez que l'intention de regarder et que vous avez fini par acheter quelque chose. C'est pour cette raison que vous devez personnaliser vos réponses en disant, par exemple : « La raison pour laquelle j'ai choisi cette compagnie est… »

Si vous vendez du linge de maison, dites : « Je n'ai jamais rien vu de tel dans les magasins. Ces draps seront superbes chez vous. »

Si vos produits ont un lien avec la santé, vous pouvez tout simplement dire : « Personnellement, je les trouve très efficaces. »

Si vous vendez des contenants en plastique, dites : « Je trouve qu'ils sont beaucoup plus esthétiques que ce que l'on trouve dans les magasins, et je les utilise depuis des années. Je sais donc qu'ils résistent à l'épreuve du temps. C'est pour cette raison que nous offrons une garantie à vie. »

Si une invitée vous a déjà interrompue pendant une présentation en disant : « On peut acheter des produits similaires chez [nom du magasin], et c'est aussi moins cher », vous savez à quel point cela peut être frustrant. Gardez votre calme et dites : « On y trouve des soldes incroyables, n'est-ce pas ? », et poursuivez votre présentation. Considérez ce commentaire comme un énoncé, et non comme une question. Rappelez-vous cette règle d'or : « Ne faites pas aux autres ce que vous ne voudriez pas qu'ils vous fassent », et ne protestez jamais lorsque quelqu'un soulève une objection, aussi déraisonnable ou mesquine soit-elle. Vous pourriez gagner la bataille, mais je vous garantis que vous perdrez la guerre.

À mes débuts dans l'industrie, j'ai vendu des produits cosmétiques très abordables. Lors de l'une de mes premières réceptions, une invitée m'a interrompue en disant : « Je n'utilise que [nom d'une marque coûteuse]. »

Je lui ai répondu en bafouillant quelque chose à propos de la qualité de mes produits. Grossière erreur. C'était tenter de jouer au plus fin et j'ai perdu. Pendant la semaine qui a suivi, j'ai beaucoup repensé à cet incident et j'ai réfléchi à ce que je dirais si la situation se reproduisait.

Évidemment, une autre personne a bientôt fait la même remarque, mais cette fois j'étais prête. J'ai souri à cette femme qui venait de nommer une marque coûteuse et je lui ai dit : « Vous avez une peau magnifique », et j'ai poursuivi ma présentation. Le compliment lui a coupé l'herbe sous le pied et l'a complètement stoppée dans son élan.

En restant calme sous l'assaut, vous démontrez davantage de confiance et de professionnalisme qu'en opposant de faibles protestations, telles que : « Mes produits sont équivalents. »

Dans les situations difficiles, ce n'est pas ce qui se passe qui compte, mais la façon dont vous réagissez. La cliente qui se montre réticente n'achètera sans doute pas beaucoup de vos produits, alors pourquoi perdre votre temps à tenter de la convaincre quand vous pouvez vous consacrer avec plus d'efficacité à d'autres clientes ? Ce qui est extraordinaire avec la vente directe, c'est que les chiffres seront toujours de votre côté.

Le secret consiste à rester calme, quelles que soient les objections. Si un prospect dit : « Je veux y penser », il vous envoie peut-être balader, mais il pourra aussi revenir sur sa décision si vous jouez bien vos cartes.

Démontrez votre confiance en disant : « Bien sûr. J'ai moi-même pris quelques semaines de réflexion parce que je voulais être certaine de ne pas me tromper. »

Pour enlever un peu de pression, dites : « Vous avez raison de ne pas prendre de décision hâtive. » Et puis, d'une voix détendue, ajoutez : « Est-ce que c'est le temps que vous pourrez consacrer à l'entreprise qui vous préoccupe ? »

Si votre prospect répond par l'affirmative, vous avez quelque chose sur quoi travailler. Vous pouvez alors dire : « Je sais comment vous vous sentez. Moi-même, je n'étais pas certaine de trouver le temps de créer une entreprise tout en travaillant à plein temps. Mais les récompenses ont largement compensé les heures que j'y ai consacrées, et parce que c'est si amusant, je n'ai pas eu l'impression de travailler plus dur. »

Pour répondre aux préoccupations d'un prospect, vous pourriez dire : « Ce [livre/DVD/CD] m'a aidée à trouver des réponses à quelques-unes des questions que je me posais à propos de l'industrie. Si vous le voulez, je vous le prête. Je dois revenir dans cette partie de la ville la semaine prochaine, et je le reprendrai à ce moment-là. »

Le scénario est bien pire lorsque le prospect ne communique pas. Si vous étiez intéressée, n'auriez-vous pas une ou deux préoccupations à formuler ?

Il est temps de conclure

Si vous avez fait preuve d'un réel intérêt envers vos clientes éventuelles, si vous avez répondu à leurs questions et tenu compte de leurs préoccupations, vous saurez quand est venu le moment de conclure. Si vous n'achevez pas votre présentation en leur demandant d'acheter, d'organiser une réception ou de vendre, vous avez perdu votre temps et leur avez fait perdre le leur.

Il n'est pas nécessaire que cette conclusion soit compliquée. Vous pouvez tout simplement dire : « Vous avez fait votre choix ? » ou « Qui veut passer sa commande en premier ? »

Supposez que vos invitées sont prêtes à commander et dites : « Laissez-moi vous expliquer le formulaire de commande ». Celles qui sont restées indifférentes à votre présentation le mettront de côté, mais vous devez faciliter la tâche à celles qui *sont* intéressées.

Démontrez encore une fois votre confiance pendant ces entretiens en tête à tête en demandant :

« Qu'en pensez-vous ? »

« Avez-vous des questions ? »

« Avez-vous décidé de votre commande ? »

« J'ai hâte de voir ce que vous avez choisi. »

Lorsqu'elles passent une commande, il faut qu'elles soient satisfaites de leur décision. Selon ce que vous vendez, vous pourriez dire :

Produits cosmétiques : « Votre peau va vous adorer ! »

Produits de santé : « Vous aurez beaucoup plus d'énergie. »

Revêtements de mur en vinyle : « Je suis impatiente de voir des photos de votre nouvelle chambre d'enfant. Ce sera magnifique. »

Il y a plusieurs types de conclusion :

Conclusion à une invitation : « J'espère que vous vous joindrez à nous. J'aimerais beaucoup travailler avec vous. »

Conclusion à une acceptation : « Avez-vous besoin d'aide pour remplir le document d'entente ? »

Conclusion à une recommandation : « Je crois que vous devriez accepter. Vous avez un talent naturel pour la vente. »

Ou dites : « Je ne ferais pas bien mon travail si je ne vous invitais pas à vous joindre à notre société. C'est le meilleur emploi que je n'ai jamais eu et je sais que vous serez du même avis. Vous pouvez vous engager en ligne dès maintenant et, ainsi, assister à notre atelier d'orientation samedi prochain. »

Ou utilisez la conclusion « descendante » : répétez chacune de vos offres, en commençant par votre invitation à devenir représentante. Si vous essuyez un refus, invitez la personne à tenir une réception chez elle. Si elle n'est pas intéressée, demandez-lui si elle désire passer une commande. Qui pourrait vous dire « non » trois fois d'affilée ?

Après avoir conclu, ne dites plus un mot avant que vos invitées aient réagi. Vous pourriez vous priver d'une vente, d'une réception ou d'un recrutement en bavardant pendant que vos invitées réfléchissent. Connaissez-vous cet adage : *La parole est d'argent, mais le silence est d'or* ?

CHAPITRE 4

Soyez la meilleure des hôtesses

Deux règles simples s'appliquent à l'organisation de vos réunions de vente.

Premièrement, soyez votre meilleure cliente. Déclarez-vous « zone sans concurrence ». Utilisez vos produits, offrez-en en cadeau et placez-les bien en vue chez vous.

Deuxièmement, soyez la meilleure des hôtesses. Pour mettre votre entreprise en valeur, rien n'égale l'organisation de réunions de vente à domicile.

Votre premier « party plan » fera office de réunion de lancement (grande ouverture, annonce, célébration). Vous venez de faire un pas de géant en direction de la réalisation de ce rêve américain qu'est la propriété d'entreprise. Quelle meilleure façon de fêter cet événement qu'en compagnie de gens qui tiennent à vous ?

Votre réunion de lancement est en quelque sorte une répétition générale et une occasion de roder votre présentation. Mais elle vous sert avant tout à présenter votre entreprise à des amies et à des membres de votre famille, et à leur demander de vous soutenir en organisant à leur tour des réceptions et en devenant vos clientes.

Et même si vous devez pour cela emprunter le matériel nécessaire à votre marraine, plus tôt vous tiendrez cette réunion de lancement, mieux ce sera. Vous pourrez ainsi tirer profit des récompenses liées au « démarrage rapide » que toutes les sociétés de vente directe offrent à leurs nouvelles distributrices pendant leurs premiers mois d'activité dans l'industrie.

Une première réunion réussie

Les étapes suivantes vous permettront de donner le meilleur coup d'envoi possible à votre entreprise :

- Invitez toutes vos connaissances. C'est une fête, et plus de gens viendront partager votre enthousiasme, mieux ce sera.
- Tenez la réunion chez vous. Si c'est impossible, demandez à une amie de recevoir chez elle ou trouvez un local dans les environs. Votre église, votre bibliothèque ou votre centre communautaire pourrait bien accepter de vous aider, tout comme un centre de la petite enfance après les heures de garde. Même un parc peut être un choix amusant.
- Assurez-vous d'inviter votre marraine en premier lieu. Non seulement profiterez-vous de son expérience, mais sa présence montrera à vos amies que vous faites partie d'un réseau de soutien.
- Faites preuve de créativité en préparant vos invitations. Utilisez du papier de couleur et des éléments visuels festifs, postez-les dans des enveloppes remplies de

confettis, roulez-les et insérez-les dans un tube ou envoyez-les dans un ballon avec directives de le gonfler et ensuite de le faire éclater pour récupérer l'invitation.

* Mais dans votre élan de créativité, n'oubliez surtout pas d'indiquer d'importants détails, comme la date, le lieu et l'heure de votre réunion, ainsi que la mention R.S.V.P., de manière à savoir combien de personnes seront présentes.
* Promettez beaucoup de plaisir, de la nourriture et des cadeaux pour que plus de gens acceptent votre invitation.
* Si une amie ne peut pas assister à votre réception, dites-lui : « Tu me manqueras, mais je comprends. Aimerais-tu avoir un avant-goût exclusif de ma présentation ? J'aimerais beaucoup que tu me dises ce que tu en penses. » Ou déclarez : « J'ai des cadeaux à offrir aux 10 premières personnes qui accepteront de tenir une réunion de vente chez elles. Aimerais-tu organiser une petite soirée chez toi ? Les récompenses sont très intéressantes. Et attends de voir les produits ! »
* Créez une atmosphère de fête avec des ballons ou des banderoles, mais n'en faites pas trop, car vous pourriez donner l'impression que l'organisation d'une réunion exige beaucoup de travail. Quelques petites touches festives comme un ruban noué autour du pied des verres, des fraises dans les boissons, ou des verres trempés dans du sel ou du sucre coloré donneront le ton à la rencontre, mais sans exagération.
* Demandez à une amie de vous aider à servir les rafraîchissements de manière à bien jouer votre rôle d'hôtesse. Il serait dommage que vous restiez dans la cuisine alors que vous devriez faire part à vos invitées

de l'enthousiasme que suscite en vous votre nouvelle entreprise.

* Si vous avez beaucoup d'amies, organisez plus d'une réunion de lancement. En proposant plusieurs dates, vous augmenterez vos chances d'attirer beaucoup de monde.

Commencez la réunion en remerciant vos amies de partager avec vous cette occasion spéciale : « C'est une journée excitante pour moi et je n'aurais pu espérer mieux pour lancer mon entreprise. »

Donnez-leur un aperçu de ce que leurs propres réceptions pourraient être en mettant l'accent sur le volet social de l'événement. Parlez brièvement de vos produits, de la récompense qui est offerte à l'hôtesse et de l'occasion d'affaires que vous offrez, et puis invitez tout le monde à se détendre, à s'amuser et à faire l'essai de vos produits.

Facilitez la tâche à celles qui souhaitent acheter des produits en ayant des formulaires de commande sous la main et demandez-leur de vous aviser si elles souhaitent travailler avec vous. Préparez un grand nombre de kits de démarrage.

Limitez la durée de la réunion à deux heures et concluez en invitant toutes les participantes à recevoir chez elles. Ayez votre agenda sous la main afin d'orchestrer le tout. Je vous suggère d'emballer quelques petits cadeaux afin de les encourager. Dites : « Ces cadeaux sont pour les premières personnes qui accepteront d'organiser une réunion de vente chez elles. C'est ma façon de remercier celles qui m'aideront à lancer mon entreprise. Bien entendu, si vous acceptez, vous recevrez la récompense de l'hôtesse. Laissez-moi vous montrer. »

Avant leur départ, donnez à vos invitées une brochure décrivant les récompenses offertes aux hôtesses, qu'elles aient ou non décidé d'organiser une réunion de vente. Vous aurez ainsi une bonne raison de les rappeler et de leur dire : « Merci d'être venue. Comment as-tu trouvé ça ? As-tu eu le temps de jeter un coup d'œil à la brochure ? »

Fixez dès maintenant la norme élevée que vous respecterez en affaires en envoyant des notes de remerciement à toutes les participantes, et commencez aussitôt à *coacher* vos nouvelles hôtesses.

Votre réunion de lancement sera la première de nombreuses réceptions formidables que vous tiendrez chez vous. Prévoyez-en au moins quatre par année et variez-en le thème pour qu'elles soient toujours excitantes. Il n'y a pas de meilleur moyen de se promouvoir soi-même qu'en étant « la meilleure des hôtesses ». Ces réceptions clameront haut et fort que vous évoluez dans l'industrie du « party plan ».

Pour vous aider, voici quelques exemples de thèmes :

* ***La reconnaissance***. C'est une façon de remercier vos clientes et vos hôtesses. Cela développera leur loyauté et moussera les ventes.
* ***L'hôtesse mystère***. C'est une rencontre qui peut se tenir à une date où vous n'avez rien d'autre. Chaque invitée a la chance de gagner la récompense de l'hôtesse lors d'un tirage. Si une invitée arrive en compagnie d'une amie, elle obtient une chance supplémentaire.
* ***L'invitée-surprise***. C'est une façon amusante d'encourager vos invitées à venir en compagnie de gens que vous ne connaissez pas.
* ***L'été***. Les mois d'été pendant lesquels les affaires tournent au ralenti sont parfaits pour organiser une réunion au bord de la piscine, une rencontre au coucher du soleil ou une fête à la plage, dans la cour

arrière, ou encore un barbecue ou une partie de baseball.

* *La célébration*. C'est le moyen idéal de remercier vos hôtesses et vos clientes lorsqu'elles franchissent une étape importante. Si vous gagnez une croisière, organisez une soirée « On largue les amarres » pour illustrer les récompenses qu'offre l'industrie. Veillez à inviter les participantes à vous accompagner la prochaine fois : « Si quelqu'un pense que ça lui plairait, c'est le moment d'agir. La compagnie vient d'annoncer que la prochaine croisière se fera en Alaska et que les qualifications commencent le mois prochain. Vous avez donc tout le temps de remporter ce voyage. Qui veut partager une cabine avec moi ? »

* *Champagne* ! Une invitation à boire du champagne, manger des gâteaux, recevoir des cadeaux et avoir du plaisir tout en s'offrant une petite séance de *shopping* thérapeutique attirera beaucoup de monde à vos fêtes sur le thème de « Combattons le cafard hivernal » ou « Enfin, c'est la rentrée ».

* *Les mamans*. Invitez les mamans à s'arrêter chez vous le matin après avoir laissé leurs enfants à l'école afin d'examiner une nouvelle gamme de produits. Ou si vous ne voulez pas que votre maison soit envahie par les enfants, demandez aux mamans de se présenter en fin d'après-midi *avant* d'aller chercher leurs enfants.

* *Les occasions spéciales*. Prévoyez des réunions de vente pour profiter de la demande accrue lors d'occasions spéciales telles que la fête des Mères, la fête des Pères, la Saint-Valentin, Pâques, le 5 mai, le 4 juillet, Halloween, Kwanzaa, Diwali, l'Action de grâces, Hanukkah et Noël.

* *Portes ouvertes*. Invitez vos amies et vos voisines à une soirée « portes ouvertes » pendant laquelle elles pourront circuler à leur guise. Profitez du premier week-end des soldes d'hiver (Black Friday) pour écouler vos surplus de stocks avant que vos clientes n'aillent vider leur porte-monnaie au centre commercial.

* *Payez et emportez*. Aidez les retardataires en organisant une vente « payez et emportez » juste avant Noël. Attirez-les avec la promesse de ballons et de cadeaux pour les enfants, de cidre chaud aux pommes pour les mamans et d'un service d'emballage gratuit. Si vous attendez beaucoup de monde, demandez à une étudiante de s'occuper de l'emballage des cadeaux en échange de produits gratuits.

* *Une activité-bénéfice*. C'est une excellente façon de construire votre réseau et, en même temps, de faire preuve d'un esprit communautaire. En offrant de 10 à 15 pour cent de vos ventes à une œuvre de bienfaisance locale, vous atteindrez encore davantage de gens.

* *Le réseau Internet*. Invitez vos amies à participer à des réunions de vente en ligne. Offrez à chaque cliente la chance de gagner la récompense de l'hôtesse.

* *Travaillez chez vous*. Organisez chaque année une réception sur le thème de « Travaillez chez vous » afin de présenter votre occasion d'affaires à vos prospects les plus prometteurs. Le lancement d'un nouveau catalogue, la création d'une nouvelle gamme de produits et de nouvelles mesures incitatives sont toujours le moment idéal pour dire : « C'est le temps ou jamais de vous engager. »

Secret de Superstar

Le lancement du catalogue des fêtes est idéal pour inviter vos clientes à devenir vendeuses occasionnelles pendant les semaines qui précèdent Noël. Une fois qu'elles auront pris goût aux revenus qu'elles peuvent ainsi générer en aidant leurs amies et les membres de leur famille à faire leurs emplettes de fin d'année, la majorité d'entre elles persévéreront tout au long de la nouvelle année.

Vous devez être dotée d'un bon sens de l'organisation pour tirer profit des occasions qui se présentent. Prévoyez un atelier de manière à pouvoir former des prospects en vue de la période des fêtes.

Afin de toujours organiser des réunions de vente originales et excitantes, inspirez-vous d'autres vendeuses à domicile :

- Assistez à des réunions de vente à titre d'observatrice en compagnie de votre marraine.
- Assistez à des séances de remise à niveau avec des consultantes prospères.
- Invitez votre marraine à vos réunions afin d'obtenir sa rétroaction.
- Organisez vos propres réunions de « répétition » afin d'essayer un nouveau format.
- Assistez à des réunions de vente d'autres sociétés.
- Soyez l'hôtesse d'une réunion pour une autre société que la vôtre.

Plus vous serez prête à partager vos connaissances, habiletés et expériences avec d'autres consultantes, plus elles partageront spontanément les leurs avec vous.

CHAPITRE 5

Un calendrier d'événements bien rempli

L'organisation de réunions de vente constitue l'âme de toute entreprise fondée sur le « party plan ». Pas de réunions… Pas de revenus… Adieu les rêves !

Si vous rêvez d'une nouvelle voiture qui coûte 15 000 € et que vous touchez 150 € par réunion, vous devrez en tenir 100 avant d'atteindre votre but. Si vous organisez systématiquement 10 réunions par mois, vous aurez votre voiture en moins d'un an.

Même si vous dirigez votre entreprise pendant vos loisirs, ou parallèlement à un emploi à plein temps, vous arriverez à organiser 10 réunions de vente par mois, surtout si vous vous visualisez au volant de cette automobile rutilante. Tout dépend de l'intensité de votre désir et de ce que vous êtes prête à faire pour qu'il devienne réalité.

Si votre but est de vous débarrasser d'une dette de carte de crédit de 10 000 € et que vous touchez 100 € par réunion de vente, vous devrez en organiser 100. À raison d'une réunion par semaine, il vous faudra moins de deux ans pour atteindre votre but. Mais si vous en tenez systématiquement deux par semaine, il ne vous faudra qu'un an et vous économiserez des milliers d'euros en paiements d'intérêts et frais bancaires. Dans notre industrie, le mot d'ordre est « constance ». Un calendrier d'événements non rempli se traduira par des résultats inégaux.

Chaque réunion de vente a des répercussions sur votre entreprise. En tenant deux réunions par semaine avec, en moyenne, 10 invitées, vous entrerez en communication avec 1000 nouvelles personnes chaque année. Même un groupe restreint de 5 invitées générera 500 nouvelles rencontres chaque année.

Ce sont toujours les nouvelles clientes qui dépensent le plus, mais cela ne s'arrête pas là. Un grand nombre d'entre elles deviendront des clientes régulières, certaines deviendront des hôtesses et d'autres grossiront les rangs de votre société en tant que distributrices. Et quelques-unes pourraient même devenir, dans votre sillage, des superstars de la vente directe. Et lorsque ces superstars accèdent à des rôles de leadership, vous vous élevez aux échelons supérieurs du système de rémunération de votre société, et vous y resterez tant et aussi longtemps que vous gérerez sainement votre entreprise personnelle.

Il n'y a aucun inconvénient à faire de l'organisation de vos réunions votre priorité numéro un. Si vous gardez votre agenda bien rempli, vous aurez toujours une entreprise saine. Si vous cessez d'attirer de nouvelles clientes, votre entreprise commencera à éprouver des difficultés. Elle dérivera pendant un certain temps, mais croyez-moi, votre navire coulera alors lentement.

Suivez ces huit étapes afin d'organiser suffisamment de réunions pour que votre entreprise progresse.

Étape 1 : Ayez un agenda professionnel distinct

Me doter d'un agenda professionnel distinct a été l'une des meilleures décisions que j'ai prises. Ainsi, je savais précisément combien de réunions j'avais devant moi. Et les plages libres me poussaient à soulever le combiné du téléphone.

Si votre agenda est rempli de rendez-vous qui n'ont aucun lien avec votre entreprise, vous pourrez penser que vous êtes occupée alors que vous ne l'êtes pas. Des rendez-vous chez le médecin ou le coiffeur, les tâches ménagères et les activités routinières comme apporter la voiture au garage pour un entretien saisonnier ou renouveler votre permis de conduire rempliront vite une journée si vous ne faites pas attention.

Si vous voulez vivre la vie dont la majorité des gens ne font que rêver, vous devez établir des priorités, et cela signifie dissocier vos rendez-vous personnels de vos activités professionnelles. Il n'y a rien de tel qu'une page blanche pour vous pousser à l'action.

Secret de Superstar

Trouvez un agenda qui affiche un mois par page. Au moyen d'un agenda professionnel distinct, vous serez en mesure de vérifier d'un seul coup d'œil le nombre de réunions déjà prévues et d'en inscrire d'autres en un instant. Distribuez des copies de cette page pendant vos réceptions. Ainsi, vos invitées pourront choisir une date afin d'organiser elles-mêmes une réunion de vente pendant que vous serez occupée ailleurs. Aucune hôtesse éventuelle ne devrait être obligée de chercher vos disponibilités à travers un fouillis de rendez-vous personnels.

Ayez toujours votre agenda sur vous. Il n'y a aucune raison de le laisser dans la voiture ou à la maison lorsque vous vaquez à vos diverses occupations.

Étape 2 : Planifiez vos réunions de vente

Décidez du nombre de réunions que vous organiserez et surlignez les dates avec un marqueur dans votre agenda. Vous devrez faire preuve de souplesse et, parfois, déplacer des réunions ou en ajouter.

Dix réunions par mois établiront une solide fondation pour votre entreprise. Même si vous ne pouvez pas en tenir 10, réservez tout de même 10 dates afin de faire face aux ajournements, aux annulations et aux activités impossibles à reporter.

Inscrivez les jours fériés et les vacances scolaires afin que vos hôtesses éventuelles ne les oublient pas. Vous ne voulez pas prévoir une réunion de vente qui sera annulée par une hôtesse qui se rend soudain compte que c'est fête ce jour-là.

SECRET DE SUPERSTAR

Donnez-vous comme objectif de toucher toutes les récompenses offertes par votre société. Déterminez le nombre de réunions de vente que vous devrez tenir pour y arriver, ajoutez-en quelques autres en guise de zone tampon et inscrivez-les dans votre agenda.

En moyenne, vous pouvez vous attendre à ce qu'une hôtesse sur quatre annule ou ajourne la réunion qu'elle devait animer. Ne prenez pas ce risque. Prévenez toute déception en remplissant votre agenda dès la première semaine du mois. Ainsi, vous pourrez reporter à une autre date toute réunion annulée, tenir vous-même une réunion impromptue, ou mousser vos ventes en effectuant des visites de service à la clientèle lorsque les ventes en réunion n'ont pas donné les résultats escomptés.

Voici à quoi ressemble l'agenda d'une superstar:

Semaine 1: Quatre réunions;
Semaine 2: Trois réunions;
Semaine 3: Deux réunions;
Semaine 4: Une réunion.

Planifiez de cette manière et vous n'aurez jamais à dire: «J'ai raté une promotion à cause d'une annulation de dernière minute», ce qui signifie en réalité: «J'ai raté une promotion parce que j'ai attendu à la dernière minute et qu'une réunion a été annulée alors qu'il était trop tard pour rattraper les ventes perdues.»

Étape 3: Cochez les dates que vous devez réserver *maintenant*!

Utilisez des autocollants de couleurs vives pour mettre en évidence les dates que vous risquez de perdre si vous n'y inscrivez pas rapidement la tenue d'une réunion de vente, ou encore les dates qui conviennent le mieux à votre mode de vie, comme le début du mois ou plusieurs réunions d'affilée un samedi, lorsque votre conjoint peut s'occuper des enfants. Appelez-les vos «dates-vedettes».

Ces autocollants de couleurs vives vous sauteront aux yeux. Vous pouvez également choisir ces autocollants en fonction de divers thèmes: Pâques, Saint-Valentin, fête des Mères et Noël.

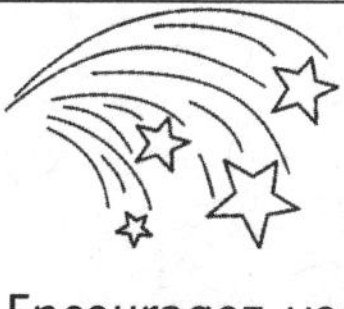

SECRET DE SUPERSTAR

Encouragez vos hôtesses à tenir leurs réunions à vos dates-vedettes en leur offrant des récompenses supplémentaires. Même si vos frais augmenteront légèrement, un profit moindre est préférable à une absence de profit. C'est pour cette raison que les billets de cinéma sont moins chers l'après-midi, que les détaillants offrent des soldes en dehors des heures d'achalandage et que les restaurants proposent des prix réduits aux lève-tôt. Une réunion de vente en amène d'autres, et il vaut donc la peine d'investir quelques euros pour inciter des hôtesses à s'inscrire lorsque vous en avez le plus besoin.

Étape 4 : Développez votre liste de contacts

Vous trouverez plus facile d'attirer à vos réunions des gens qui vous connaissent et qui vous aiment. C'est là une raison suffisante pour effectuer un suivi régulier auprès de vos clientes (et d'entretenir des liens serrés avec vos amies, membres de la famille, voisines et associées).

Si votre liste de contacts est trop courte pour vous permettre d'atteindre vos buts, utilisez l'« aide-mémoire de A à Z » qui est présenté à la fin de ce chapitre afin d'y ajouter des noms.

Les réunions de vente seront toujours la meilleure source de contacts pour vous, mais prenez tout de même l'habitude de noter des noms, numéros de téléphone et mails, partout où vous allez, en tout temps. Engagez-vous à ajouter chaque jour des noms à votre liste et vous constaterez que de nouveaux contacts surgiront de toutes parts. Soyez toujours à l'affût et ayez toujours un stylo et un calepin sous la main.

Étape 5 : Commencez à faire des appels

Les réunions de vente n'ont pas lieu comme par miracle. Vous devez les organiser en parlant à des gens de toutes les façons possibles : face à face, par téléphone, texto, mail ou en ligne.

Ce n'est pas tout le monde qui acceptera d'agir comme hôtesse, et préparez-vous donc à faire beaucoup d'appels. Votre téléphone est votre sauvegarde, et plus tôt vous apprendrez à l'aimer, plus rapidement vous progresserez.

Soyez constante et persévérante. Prévoyez chaque jour une heure de « travail intense » et faites des appels jusqu'à ce que votre agenda soit rempli. Si vous restez bien concentrée, vous pouvez aisément faire 10 appels en une heure. Si vous n'avez pas le temps de consacrer une heure par jour à cette activité, faites-le tout de même le plus souvent possible. Si 10 appels se soldent par une réunion de vente, vous aurez donc utilisé cette heure à bon escient.

Secret de Superstar

Ne laissez pas l'horloge décider de votre avenir. Engagez-vous à faire des appels jusqu'à ce que votre agenda soit plein, et puis faites-en quelques autres. Pensez à quel point vous aurez du plaisir à dire : « J'affiche complet ce mois-ci, mais j'aimerais beaucoup que tu t'occupes de la première réunion de vente le mois prochain. »

Il faut de la discipline pour effectuer 10 appels chaque jour. Mais c'est ainsi que vous ferez prospérer votre entreprise. En tant que nouvelle représentante, vous pouvez espérer capter l'intérêt de 1 personne sur 10. Vos chances de marquer s'amélioreront en même temps que vous, et vous retiendrez bientôt l'attention de 2 personnes sur 10. Et lorsque vous aurez atteint votre vitesse de croisière, 3 personnes sur 10 accepteront votre offre. Espérer plus n'est pas réaliste et ne se solderait que par des déceptions.

Secret de Superstar

Achetez un ensemble de 10 bracelets en métal. Chaque matin, glissez-les autour de votre poignet gauche en vous promettant de faire 10 appels pendant la journée. Chaque fois que vous en faites un, transférez un bracelet sur votre poignet droit, jusqu'à ce qu'ils y soient tous.

Les bracelets vous indiqueront le nombre d'appels que vous devrez faire avant la fin de la journée. Si vous risquez de vous laisser distraire ou décourager, vos bracelets vous rappelleront que vous vous êtes engagée à effectuer 10 appels. Ils vous motiveront à trouver le temps de soulever le combiné du téléphone si jamais vous êtes tentée d'abandonner avant d'avoir atteint votre but.

Les bracelets sont un excellent moyen d'engager la conversation. Si quelqu'un vous demande : « Mais pourquoi ces bracelets ? » Dites simplement : « Ils me rapportent 100 000 € [ou 50 000 €] par année ! »

Si vous savez que vous n'aurez pas le temps de faire 10 appels, commencez la journée en portant moins de bracelets. Chaque matin, décidez du nombre d'appels que vous effectuerez, mais la règle veut qu'une fois que les bracelets sont à votre poignet, vous deviez faire ces appels.

Consultez votre agenda chaque jour pour vous assurer que vous avez des réservations pour au moins les trois semaines à venir, et ayez toujours une solution de rechange en cas d'annulation.

Secret de Superstar

Occupez les enfants en sortant leurs jouets préférés, ou leur DVD favori, lorsque vous êtes au téléphone.

Minimisez le bruit ambiant lorsque vous effectuez des appels. Votre interlocutrice sentira toute distraction de votre part.

Lorsque vous passez du temps en famille, branchez le répondeur.

Étape 6 : Faites une offre qu'on ne pourra pas refuser

Plus votre offre sera attrayante, plus vous cartonnerez. Avant même de l'appeler, dites-vous toujours : *qu'est-ce que cela rapportera à mon prospect ?*

Par exemple : « Salut, Véronique. Je porte mon chapeau de fête aujourd'hui. Je viens tout juste de recevoir le catalogue de printemps et il est magnifique. Aimerais-tu être l'une des premières hôtesses de la saison ? Je donne un cadeau spécial aux cinq premières personnes qui accepteront d'animer une réunion et j'aimerais beaucoup que tu sois l'une d'elles. »

Résistez à l'envie de donner une avalanche d'informations et concentrez-vous plutôt sur ce que vous pouvez offrir à votre interlocutrice en lui disant : « J'ai hâte de te montrer notre nouveau catalogue. C'est le plus beau que la société ait jamais produit et ses couleurs s'harmonisent parfaitement avec ta nouvelle salle de séjour. »

Ne laissez pas l'excitation franchir la ligne de démarcation et se transformer en pression. Si votre offre ne vous excite pas, ne vous attendez pas à ce qu'elle excite les autres, mais la fébrilité ne se traduira pas non plus par un engagement de votre interlocutrice. La pression rebute beaucoup, surtout lorsque vous vous adressez à quelqu'un qui aime prendre le temps de réfléchir avant de s'engager.

Secret de Superstar

Soyez plus généreuse avec les compliments que vous faites à votre cliente éventuelle qu'avec les éloges envers vos produits. Par exemple: « Tu es une cuisinière hors pair. J'ai très hâte que tu goûtes à nos nouvelles saveurs estivales. »

Le fait d'être une nouvelle venue dans l'industrie peut constituer un avantage, car vous pouvez dire : « Je suis vraiment très excitée. Je viens de me lancer en affaires en tant que consultante pour une société qui commercialise des suppléments nutritionnels extraordinaires. Je dois organiser six réunions de vente pour commencer et j'espérais que tu sois l'une de mes premières hôtesses. En m'aidant, tu obtiendras de nombreux produits gratuits. »

N'ayez pas peur d'être vous-même : « Je suis excitée, mais aussi un peu nerveuse. Puis-je m'exercer avec toi ? J'ai six bons d'achat à offrir à mes six premières hôtesses et je veux t'en donner un. »

Étape 7 : Passez le mot

Saisissez toutes les occasions de recruter des hôtesses :

- Offrez des catalogues, des échantillons et des brochures d'animation à vos amies, aux membres de votre famille et à vos collègues.
- Mettez une pancarte sur votre pelouse afin que vos voisines sachent à quel point il est facile de se procurer leurs produits préférés. La personne qui a perdu de vue sa consultante sera enchantée de vous avoir trouvée.

✻ Faites peindre le logo de votre marque et votre numéro de téléphone sur votre voiture. Les bannières magnétiques et les autocollants en vinyle peuvent être retirés au besoin.

✻ Envoyez régulièrement des bulletins d'information électroniques à vos clientes et à vos contacts. Dans la case objet, inscrivez quelques mots qui les inciteront à ouvrir votre fichier. Des articles brefs et riches en renseignements fascinants les encourageront à les lire. Une offre alléchante les amènera à vous répondre.

✻ Répandez votre message tel un virus. La majorité des gens fréquentent chaque jour les médias sociaux. Joignez-vous à eux pour obtenir votre part du marché.

✻ Attirez les clientes sur votre site Web en envoyant des courriels intrigants dans lesquels figure un lien menant directement à votre offre.

✻ Affichez les dates de réunion disponibles sur votre calendrier en ligne et une mesure incitative disant : « Appelez-moi avant que je vous appelle. »

✻ Envoyez des cartes postales pour annoncer de nouveaux produits, des promotions offertes aux hôtesses ou des offres spéciales pour les clientes. Les cartes postales sont faciles à créer et peu coûteuses à envoyer. Et vous pouvez être certaine qu'elles seront lues, car contrairement aux lettres, elles n'ont pas besoin d'être ouvertes.

Secret de Superstar

Qui pourrait ignorer cette offre irrésistible : « Animez une réunion de vente le mois de votre anniversaire, et je vous offrirai le champagne et un gâteau ! »

Étape 8 : Allez à la pêche aux recommandations

Si vous voyez en chaque personne un lien pouvant vous mener à un grand nombre de gens, vous n'hésiterez pas à demander qu'on vous fasse des recommandations. Posez des questions qui vous conduiront vers les gens les plus susceptibles d'être intéressés par vos produits :

> Pour trouver des gourmets, demandez : « Parmi vos connaissances, qui est la meilleure cuisinière ? »
>
> Pour trouver des amateurs de spa, demandez : « De toutes vos amies, qui prend le plus soin de sa peau ? »
>
> Pour trouver des amateurs de *scrapbooking* : « De toutes vos relations, qui prend les meilleures photos ? »

Lorsque vous appellerez cette dernière personne qui vous a été recommandée, dites : « Bonjour, Jeanne. Chantal m'a donné votre numéro de téléphone. Je l'ai croisée lors d'un atelier de *scrapbooking* et elle m'a dit que vous étiez une excellente photographe. Vous a-t-elle parlé de moi ? J'adore la photographie et je suis conseillère pour une compagnie de *scrapbooking* qui vend ses produits selon la formule du « party plan ». Nous avons un vaste choix d'albums, d'accessoires et d'ornements qui vous permettront de faire un joli montage de vos photos préférées, et nous livrons le tout à domicile. Aimeriez-vous que je passe chez vous et que je vous montre les dernières tendances ? »

Faites preuve de générosité et offrez des cadeaux à ceux qui vous font des recommandations. Un produit gratuit ou un rabais sur un futur achat est une façon peu coûteuse de dire merci.

Secret de Superstar

Doublez le pouvoir de vos récompenses en les offrant à la personne qui fait une recommandation et à la cliente éventuelle. Le premier cadeau encouragera vos clientes à vous recommander leurs amies, et le deuxième fera que ces amies voudront vous rencontrer.

Demandez à vos clientes qui vous recommandent leurs amies de les appeler avant que vous le fassiez: «Mon amie Jeanne va te téléphoner. Elle vend ces bougies que tu as admirées chez moi lorsque tu es venue dîner. Je lui ai donné ton numéro et elle a un cadeau pour toi.»

Faire des appels peut être une tâche fastidieuse, ou bien un défi exaltant. Tout dépend de votre approche. Mais si vous n'organisez pas de réunions de vente, vous n'avez pas d'entreprise. Si vous êtes préoccupée par le rejet, c'est que vous ne vous adressez pas à la bonne personne.

Secret de Superstar

Ne vous laissez pas blesser par le rejet. Il fait partie du jeu. Au lieu de quoi, pourquoi ne pas vous tourner vers quelqu'un qui, si vous ne l'appelez pas, pourrait bien acheter d'autres produits que les vôtres, devenir hôtesse ou même consultante pour une autre compagnie?

Aide-mémoire de A à Z

Acteurs
Agents d'assurance
Agents de banque
Agents de bord

Aide-enseignant
Amateurs de karaoké
Amis
Amis d'amis
Amis de faculté
Amis de lycée
Amis des enfants
Amis et connaissances de vacances
Amis fiancés
Amis sur Facebook
Amis sur Twitter
Anciens camarades de classe
Anciens clients
Anciens consultants
Anciens hôtes
Anciens vendeurs directs indépendants
Anciens voisins
Artistes
Assistant à la boutique de photos
Assistants
Association Toastmasters
Associations d'étudiants
Associations parents-maîtres
Associés de votre conjoint
Avocat

Baby-sitter
Belle-famille
Belle-mère
Belles-sœurs
Bénévoles
Bibliothécaires
Blanchisseurs
Bonnes
Bouchers
Brigadiers scolaires
Brus

Caissiers
Camarades d'université
Camarades de classe
Camarades de sport
Cercle social
Chambre de commerce
Chauffeurs d'autobus
Chiropraticiens
Chômeurs
Clients VIP
Club d'artisanat
Club de danse
Club de golf
Club de lecture
Club de santé
Club de services
Club social
Coach en perte de poids et membres d'un groupe de soutien

Coach personnel
Coiffeurs
Collègues
Comité de financement
Commerçants
Comptables
Concierges
Conjoints de mes collègues et associés
Conjoints des collègues et associés de mon mari
Connaissances
Conseillers
Conseillers en santé
Consommateurs
Consultantes
Contacts sur téléphone portable
Courtiers en immeubles
Cousins

Décorateurs de gâteaux
Dentistes
Détaillants régionaux
Directeurs
Distributrices et distributeurs indépendants

Électriciens
Électrolystes
Employés de rayons au supermarché
Employés de restaurants-minute
Entraîneur personnel
Entraîneurs
Entraîneurs de culture physique
Entraîneurs de tennis
Épiciers
Équipe d'entretien
Esthéticiennes
Étudiants à l'école du soir
Étudiants au lycée, collège, université
Expéditeurs de cartes de Noël
Ex-voisins, associés, collègues

Facteur
Femmes enceintes
Files d'attente
Filles
Fleuristes

Garçons de table
Garderie
Gardiens de musées
Gardiens d'animaux
Grands-parents

Herboristes
Homéopathes

Hôtesses
Hôtesses VIP
Hygiénistes

Infirmières
Infirmières dentaires
Infirmières pédiatriques
Instructeurs au gymnase
Invités aux réunions de vente

Jardin d'enfants
Jardiniers
Jeunes mariés
Journalistes

Leaders d'un groupe de jeunes
Leaders de guides
Liste d'adresses électroniques
Liste d'invités à un mariage
Listes d'invités
Livreurs

Magasins d'aubaines
Mamans à la maison
Mamans de l'équipe de football
Mamans de l'équipe de soccer
Mamans de la garderie ou de la crèche
Mamans de la ligue de baseball
Mamans de la petite ligue
Manucures
Massothérapeutes
Mécaniciens
Médecins
Meilleurs amis
Membres d'un club
Membres de l'église
Membres de la collectivité
Membres du club d'art dramatique
Membres du club de loisirs
Membres du groupe de marche
Membres du gymnase
Meneuses de claques
Mère
Moniteurs de natation

Naturopathes
Nettoyeurs de tapis
Neveux
Nièces
Nouvelles mamans
Nouvelles rencontres

Obstétriciens

Oncles
Opticiens
Organisateurs de concours
Organisateurs de mariage

Parenté
Parents des amis des enfants
Parents seuls
Partenaires de yoga
Participants à un concours
Participants à un cours
Passants
Patron
Paysagistes
Père
Personnel d'une œuvre de bienfaisance
Personnel de bar
Personnel de bistrot
Personnel de l'école
Personnel de soutien informatique
Personnel du service à l'étage à l'hôtel de congrès
Personnes absentes à une réunion antérieure
Personnes actives
Personnes amicales
Personnes amusantes
Personnes de métier
Personnes endettées
Personnes enthousiastes
Personnes heureuses
Personnes jeunes
Personnes loufoques
Personnes monoparentales
Personnes occupées
Personnes optimistes
Personnes préférées
Personnes que je rencontre au parc
Personnes qui m'invitent à leurs réunions
Personnes qui réussissent
Personnes talentueuses
Pharmaciens
Photographes
Physiothérapeutes
Plombiers
Postiers
Professeurs à l'école du soir
Professeurs d'élocution
Professeurs de langues
Professeurs de musique
Professeurs de théâtre
Professeurs de yoga
Promeneurs de chien
Propriétaires
Propriétaires d'entreprises
Propriétaires d'une première maison

Qualités que j'admire
Qui aime la vie
Qui aime mes produits
Qui aime flâner dans les magasins
Qui aime s'amuser
Qui aime voyager
Qui connaît tout le monde
Qui pose beaucoup de questions

Radiologistes
Réceptionnistes
Réceptionnistes d'hôtel
Répétiteurs d'élocution
Reporters

Sages-femmes
Serveuses
Services Internet
Sœurs
Superviseurs
Surveillants

Tailleurs
Tantes
Techniciennes en épilation à la cire
Techniciennes en pose d'ongles
Techniciens de zoo
Techniciens du spa
Techniciens en laser
Techniciens en radiologie
Teinturiers
Thérapeutes
Toiletteurs d'animaux
Travailleurs à temps partiel
Travailleurs acharnés

Utilisateurs de mes produits

Vendeurs
Vendeurs de glaces
Vendeurs directs indépendants
Vétérinaires
Vieux carnets d'adresses
Visagistes
Voisins
Voisins de camping
Voyageurs

CHAPITRE 6

Profitez de vos réunions de vente pour recruter des hôtesses

Il n'y a rien de mieux que les réunions de vente pour remplir votre agenda. Peu importe l'énergie que vous devrez mettre dans leur organisation, plus tôt vos réservations en généreront d'autres, plus tôt vous pourrez vous libérer de cette corvée qu'est la prospection téléphonique.

Pensez « réservations »

Visez deux nouvelles réservations confirmées lors de chaque réunion de vente. Chaque fois que vous sortez d'une réunion sans avoir ajouté de soirées à votre calendrier d'événements, vous rompez le lien entre un énorme potentiel de clientes, d'hôtesses, de distributrices et vous.

Dès leur arrivée à une réunion, vos invitées s'empresseront de jeter un coup d'œil à votre étalage. Si elles n'y voient que des produits, elles concluront que vous êtes là pour vendre. Point final.

Si vous ne faites que ce que la planificatrice typique fait, vos revenus ne seront pas supérieurs aux siens. Si vous voulez gagner ce que gagnent les superstars de la vente directe, vous devez faire comme elles.

SECRET DE SUPERSTAR

Aimeriez-vous mieux rapporter à la maison une trousse d'hôtesse ou un sac-cadeau ? Moi, je choisirais sans hésitation le sac-cadeau.

Mettez votre documentation en valeur en la plaçant dans des sacs-cadeaux aux couleurs vives. Garnissez-les de papier de soie. Vous pouvez conserver le papier dans son emballage jusqu'à la dernière minute et décorer vos sacs en arrivant chez votre hôtesse. Vos sacs-cadeaux attireront l'attention et donneront un air de fête aux réunions.

Imprimez des petites fiches avec les mots « Opération récompenses » ou « Produits gratuits d'une valeur de XXX € » (égalez la valeur moyenne du cadeau de l'hôtesse) et attachez ces fiches aux sacs-cadeaux avec des agrafes de couleur vive.

Prenez le temps de placer stratégiquement vos sacs-cadeaux parmi vos produits de manière à produire le plus bel effet. Mettez-vous à la place de vos invitées et imaginez ce qu'elles penseront :

« Est-ce que ce sont des cadeaux ? »

« Est-ce que c'est gratuit ? »

« Est-ce que j'en aurai un ? »

Et les réponses sont :

« Oui ! »

« Oui ! »

« Oui ! »

Ces sacs-cadeaux vous feront penser à demander des réservations. Habituellement, si les gens ne s'engagent pas à organiser une réunion de vente, c'est que vous ne le leur en avez pas fait la demande. Vous vous permettez de manquer de temps ou de courage, ou vous vous complaisez dans un dialogue intérieur négatif : *On dirait que ça n'intéresse personne*. Si vous offrez des sacs-cadeaux, vous ne pourrez éviter le sujet, car ils constitueront les pièces maîtresses de votre étalage.

Montrez la générosité dont votre société fait preuve avec les hôtesses en offrant à la vôtre un cadeau joliment emballé dès le début de la réunion. Dites : « Avant de commencer, je veux remercier Marie de nous avoir invitées chez elle ce soir. Je ne ferais pas d'affaires sans mes hôtesses et c'est pour cette raison que j'ai le plaisir de leur offrir des cadeaux. Marie, merci de m'avoir présenté tes amies. Ceci est l'un de nos produits les plus populaires et je sais que tu l'adoreras. »

Ou encore, vous pouvez tendre à votre hôtesse un panier rempli d'un assortiment de produits et lui offrir d'en choisir un.

Et sans que vous ayez besoin de donner davantage d'explications, les participantes comprendront que l'organisation d'une réunion de vente se solde par un cadeau.

Parlez « réservations »

Éveillez l'intérêt d'éventuelles hôtesses en décrivant les récompenses terriblement excitantes que leur vaudra l'animation d'une réunion de vente.

Montrez vos sacs-cadeaux et dites : « Qui aime animer des soirées ? Tout ce dont vous avez besoin se trouve dans ces sacs, incluant la façon d'obtenir des produits à mes frais. Je vous donnerai les détails un peu plus tard, mais si vous aimez l'idée de tenir une réunion de vente avec vos amies, sachez que votre nom est inscrit sur l'un de ces sacs. »

Prenez votre agenda et dites : « Ceci est mon calendrier d'événements. Toutes les dates disponibles sont surlignées. Il vous suffit de choisir une date qui vous convient et elle est à vous ! Et mieux encore, si vous réservez une date avant que je vous le demande, vous recevrez un cadeau spécial en plus des récompenses que vous obtiendrez gracieusement ! » Présentez un cadeau joliment emballé et tendez votre agenda à l'invitée la plus proche qui le fera ensuite circuler. Vos frais seront minimes si vous faites provision de cadeaux lors de soldes.

Il y a toujours un risque d'annulation lorsque vous offrez ainsi des cadeaux, mais il est peu important en comparaison de ce qui arriverait si vous n'aviez aucune réservation. Si vous préférez ne pas prendre ce risque, ayez des étiquettes sous la main, notez-y le nom de l'hôtesse qui s'inscrit et dites : « Ce cadeau est à vous. Je vous le donnerai lors de votre soirée. »

Secret de Superstar

En offrant son cadeau à la nouvelle hôtesse lors de sa soirée, vous créez une introduction parfaite pour en inviter d'autres à réserver l'animation d'une soirée de vente : « Vous vous demandez peut-être pourquoi Nathalie reçoit deux cadeaux. Eh bien, elle obtient celui-ci parce qu'elle a été la première personne à faire une réservation pendant la réunion de vente organisée par son amie Isabelle. Si vous pensez que cela vous plairait d'animer une soirée, assurez-vous d'être la première à réserver une date de manière à recevoir vous aussi un second cadeau. ».

Quelques minutes seulement se sont écoulées depuis le début de votre réunion et vous avez déjà fait quatre interventions visant à obtenir des réservations :

* Vous avez remercié votre hôtesse en lui offrant un cadeau.
* Vous avez parlé de vos sacs-cadeaux.
* Vous avez présenté votre calendrier d'événements.
* Vous avez tenté les plus rapides en leur promettant un cadeau supplémentaire.

Secret de Superstar

Veillez à apporter un vent de fraîcheur à vos réunions en variant vos présentations. L'un de mes trucs préférés pour obtenir des réservations consiste à glisser des coupons-récompenses dans des enveloppes et à les placer dans les sacs-cadeaux. Ces coupons peuvent représenter :

* 10 € à dépenser pendant votre réunion ;
* 10 pour cent de rabais sur la commande de la soirée ;
* Choix d'un produit dans votre panier.

Agrafez la liste de vos dates-vedettes sur vos sacs-cadeaux (p. ex. dates idéales). Attirez l'attention des participantes sur ces dates et expliquez que la première invitée à faire une réservation gagnera la récompense mystère qui se trouve dans l'enveloppe.

Les invitées décideront de réserver une date pour diverses raisons. Rappelez-vous donc de souligner différents avantages chaque fois :

* Les cadeaux tenteront les participantes qui sont en quête d'aubaines ou qui sont à court d'argent.

- Les collectionneuses seront heureuses d'ajouter un article à leur collection.
- La possibilité de faire des emplettes sans quitter la maison conviendra aux mamans occupées tout comme aux jeunes femmes qui travaillent.
- Les participantes adoreront l'idée de sociabiliser et de faire des emplettes en même temps.
- Certaines verront dans ces réceptions une bonne occasion de ne pas passer encore une soirée devant le téléviseur.

Plus vos annonces sont brèves, plus elles sont efficaces. Exercez-vous donc à les faire en 15 secondes. Par exemple :

« Qui a des amies à qui elle souhaite téléphoner, mais sans jamais en trouver le temps ? Animer une réunion de vente est une excellente façon de renouer avec des copines que vous avez perdues de vue et d'obtenir en même temps des cadeaux. »

« Qui trouve amusant de faire des emplettes dans la salle de séjour de Catherine ? Pourquoi vous donner la peine d'aller au centre commercial quand on vient à vous ? »

Secret de Superstar

Laissez les récompenses faire les réservations pour vous.

« Attendez que je vous parle de notre programme pour les hôtesses. Premièrement, vous recevez un cadeau au moment où vous réservez une date. Deuxièmement, vous choisissez des produits gratuits d'une valeur de 10 pour cent des ventes réalisées pendant votre soirée. Troisièmement, vous profitez d'un rabais de 50 pour cent sur des produits exclusivement réservés aux hôtesses. Ce mois-ci, il s'agit d'un magnifique ensemble de bols. Ils sont parfaits pour les pique-niques et je connais des hôtesses qui se sont inscrites uniquement pour les avoir. Mais ce n'est pas tout. Pour chaque invitée qui s'inscrit pendant votre réception, vous obtenez un produit de votre choix à moitié prix.

«Voilà quatre raisons fabuleuses de tenir une réunion de vente chez vous. Qui a envie de le faire?»

Mettez l'accent sur les raisons qui font que le moment est idéal pour réserver une date :

«Le mois prochain est notre mois anniversaire et c'est à cette période de l'année que nous offrons les plus belles récompenses à nos hôtesses. Si vous songez à organiser une réunion de vente, le mois prochain est certainement le moment idéal. Pourquoi ne pas obtenir le plus grand nombre possible de produits gratuits?»

Parlez de vos produits les plus populaires :

«Plusieurs de mes clientes ont choisi d'animer une soirée uniquement pour obtenir cette collection d'articles à moitié prix.»

Secret de Superstar

Une façon amusante de présenter les récompenses de l'hôtesse consiste à choisir une invitée qui n'est pas timide et de lui demander: «Aimeriez-vous interpréter l'hôtesse dans un jeu de rôles?»

Tendez-lui chaque cadeau à mesure que vous décrivez le programme, en commençant par le cadeau de remerciement et en enchaînant avec les récompenses qu'elle recevra pour ses ventes et les réservations, ainsi que toutes les primes. Elle aura bientôt les mains remplies d'une quantité impressionnante de produits gratuits. Pour terminer, dites-leur : « N'aimeriez-vous pas apporter tout ça chez vous ? Vous voyez à quel point les récompenses s'additionnent rapidement ? »

Gâter vos hôtesses est un moyen infaillible d'amener les participantes à réserver une date. Si vous êtes représentante pour un spa, offrez à votre hôtesse un coupon-cadeau pour s'occuper de ses ongles, des soins pour ses pieds ou un massage facial. Ses invitées voudront elles aussi goûter à ce traitement VIP. Demandez-lui : « Est-ce que ça vous plaît ? »

Elle répondra sans aucun doute : « C'est merveilleux ». Vous pourrez ensuite demander à ses invitées : « À quand remonte la dernière fois où vous vous êtes fait dorloter ? Qui se dit, en ce moment même : *J'aimerais bien être à la place de Sylvie* ? L'un des avantages d'être hôtesse, c'est d'avoir droit à votre propre traitement de beauté. Votre peau sera resplendissante pendant des jours et des jours. »

Ou dites-leur : « Qui avait des picotements dans les pieds pendant que Sylvie se faisait masser ? Peut-être vous disaient-ils que vous deviez vous aussi organiser une réunion de vente de manière à ce qu'ils puissent également se faire gâter ! »

Encouragez les interactions. Plus les invitées discuteront avec vous, plus vous percevrez aisément les meilleures hôtesses éventuelles. Facilitez-leur la tâche en posant les questions suivantes :

« Qui a déjà animé une réunion de vente ? »

« Avec qui ? »

« Comment cela s'est-il passé ? »

SECRET DE SUPERSTAR

Vous augmenterez votre crédibilité si vous pouvez leur dire : « Ces soirées ne sont-elles pas amusantes ? C'est mon travail, mais j'en organise quand même pour d'autres consultantes. J'aime beaucoup recevoir mes amies et j'adore obtenir des produits gratuits. »

Veillez à diversifier vos réunions de vente. Si elles se ressemblent toutes, vous n'encouragerez pas vos clientes à devenir des hôtesses. Vous pouvez vous attendre à voir des visages familiers lors de vos réceptions. Donc, renouvelez-vous et apportez-y un vent de fraîcheur afin de garder l'excitation bien vivante :

* Les soirées thématiques sont un excellent moyen d'encourager des hôtesses à réserver plusieurs dates. Choisissez parmi des thèmes tels que maman gâteau, noce, fin de célibat, anniversaire de naissance, nouveau bébé, pendaison de crémaillère, barbecue estival, luxe et paillettes, folies printanières ou pyjama et diadème.

  « Qui a une amie qui va se marier ? Les fêtes de fin de célibat sont très amusantes. »

  « Qui a une amie dont c'est bientôt l'anniversaire ? Mes présentations de produits de soin du corps sont idéales pour qui veut la gâter, ainsi que ses amies. »

* Si toutes vos invitées sont captivées par une émission télévisée populaire, suggérez de tenir une réunion juste avant sa diffusion. Ou suggérez à l'hôtesse de l'enregistrer et visionnez-la en groupe après la réception.

* Si vous vendez de la nourriture, du vin ou des ustensiles de cuisine, proposez une soirée gourmet pour couples de manière à ce que les maris de vos invitées en profitent également.
* Organisez des réunions en plein air tout au long de l'été.
* Invitez deux hôtesses à se partager la tâche, l'une recevant les invitées chez elle et l'autre apportant les rafraîchissements. Les deux hôtesses invitent leurs amies et partagent la récompense à parts égales.
* Offrez de tenir une réunion au bureau des participantes pendant une pause-repas ou après le travail :

  « Est-ce que quelqu'un d'entre vous travaille avec beaucoup de gens ? Nous pouvons tenir une réunion de vente sur votre lieu de travail. C'est une façon amusante de rompre le train-train quotidien ou de terminer la journée. »
* Offrez des catalogues, des bons de commande et peut-être même quelques échantillons à celles qui travaillent. Elles pourront les présenter à leurs amies et collègues pendant une semaine. Faites ensuite le total de leurs ventes et offrez-leur la même récompense qu'aux hôtesses habituelles.

Secret de Superstar

Proposez à vos hôtesses très occupées de tenir une réunion de vente dans un restaurant. La majorité des établissements disposent d'une salle distincte pour les réceptions privées. L'hôtesse n'a alors rien d'autre à faire que d'inviter ses amies et de se présenter à l'heure convenue.

Si les réservations tardent à venir, amorcez le mouvement en disant : « La première personne qui réservera une date pourra choisir n'importe quel produit dans mon panier. » Une fois la glace brisée, les invitées ont tendance à prendre plus rapidement une décision.

Adressez toujours une invitation à l'ensemble du groupe à la fin de votre présentation. Si vous avez été distraite par des participantes plutôt extraverties, celles qui sont plus discrètes pourraient bien passer sous votre radar. Dites : « Si vous vous êtes amusées ce soir, pensez à animer votre propre réunion de vente. C'est votre dernière chance de réserver une date avant que je vous le demande directement, et ainsi, d'obtenir un cadeau supplémentaire. »

Si vous marquez vos meilleures dates avec une étoile, dites : « Merci, Monique et Martine, d'avoir réservé une date. Je suis impatiente d'assister à votre réunion. Je crois qu'il me reste encore une date-vedette. Si vous croyez pouvoir réunir rapidement quelques amies, pourquoi ne pas la prendre également et recevoir un cadeau ? Les réunions impromptues sont souvent les plus amusantes et vous pourrez emporter les sacs-cadeaux chez vous dès ce soir. »

N'exercez pas de pression sur vos invitées. Montrez-vous intéressée aux produits qu'elles commandent et non à la somme qu'elles dépensent. Soyez à l'affût des signaux qui vous indiqueront qu'il est temps de leur demander d'organiser une réunion de vente chez elles.

Si une invitée hésite entre plusieurs articles, montrez le plus cher d'entre eux et dites : « Pourquoi ne pas obtenir gratuitement le plus cher de ces produits en organisant votre propre réunion de vente ? »

Ou dites-lui :

« Saviez-vous que vous pouvez obtenir des produits gratuits d'une valeur de plus de 100 € si vous invitez quelques amies chez vous ? Vous trouverez cela amusant. De plus, vous semblez avoir beaucoup d'amies. »

« J'adore votre enthousiasme. Vous feriez une excellente hôtesse. Pourquoi ne pas organiser une soirée ? »

« Avez-vous pensé à tenir une réunion de vente ? Il y a tant de choses dont vous rêvez. Pourquoi ne pas en obtenir quelques-unes gratuitement ? »

« Je suis ravie que vous aimiez mes produits. Pourquoi ne pas organiser vous-même une réception ? Il vous suffit d'inviter quelques amies et je ferai le reste. »

« Vous avez déjà presque toute la collection. Il serait dommage de ne pas la compléter. Pourquoi ne pas tenir une réunion de vente et obtenir gratuitement les articles qui vous manquent ? »

Dites à la personne que vous aimeriez le plus voir devenir hôtesse : « J'adorerais vous faire une présentation. »

Secret de Superstar

Ne vous fiez pas à votre jugement. Apprenez à vous adresser aux personnes qui vous paraissent le moins susceptibles de devenir des hôtesses. Vous ne saurez jamais qui acceptera si vous ne posez pas la question. Ce n'est qu'en apprenant à vous adresser à tout le monde avec le même optimisme que vous recueillerez les réservations dont vous avez besoin pour atteindre vos buts.

Si une hôtesse n'a obtenu qu'une seule réservation à la fin de sa réception et que vous tentez de lui en obtenir une autre afin qu'elle touche sa récompense, faites une offre alléchante.

Promettez aux invitées qui acceptent d'organiser une réunion de vente que vous ajouterez le total de leur commande de la soirée aux ventes réalisées pendant leur propre réception lorsque vous calculerez leur récompense d'hôtesse.

SECRET DE SUPERSTAR

Suggérez à l'hôtesse qu'elle recevra une autre récompense en acceptant de tenir une deuxième réunion pour ses amies qui n'ont pas pu assister à la première.

Si elle dit : « Toutes mes amies sont ici », vous pouvez lui demander : « Croyez-vous qu'elles ont acheté tout ce qu'elles voulaient ? Et vous ? Si vous organisez une autre réunion, vous pourrez acheter les produits que vous n'avez pas choisis ce soir. De plus, dans cinq semaines, j'aurai le catalogue d'automne. Vous pourriez être l'une de mes premières hôtesses pour la nouvelle saison. »

N'oubliez jamais qu'une belle réception demeurera toujours votre meilleur atout. Plus vos invitées s'amusent, plus il est probable qu'elles voudront devenir des hôtesses. Plus vos hôtesses s'amusent, plus elles seront impatientes de tenir une autre réunion. Les gens le font pour le plaisir, les amies et les cadeaux. Assurez-vous que vos réceptions en soient un superbe amalgame.

CHAPITRE 7

Parrainez pour réussir

L'investissement le plus valorisant que vous puissiez faire dans votre entreprise se trouve dans vos habiletés de parrainage. Peu importe vos revenus, la vente demeure un travail. Dès que vous cessez de vendre, vos revenus cessent. C'est le parrainage qui fait de vos activités une entreprise.

Voici quel devrait être votre mantra :

« Mes ventes représentent mon revenu d'aujourd'hui. Mes réservations représentent mon revenu de demain. Mon parrainage représente mon revenu continu. »

La majorité des planificatrices de « party plan » disent que la principale raison pour laquelle elles se sont lancées en affaires est que quelqu'un leur a demandé de le faire. Elles n'avaient pas envisagé cette possibilité. Elles ont tout simplement rencontré la bonne personne au bon moment et elles se sont engagées. Votre tâche consiste donc à faire en sorte que cette bonne personne, ce soit vous.

Si vous demandez aux gens pourquoi ils n'évoluent pas dans l'industrie de la vente directe, la grande majorité vous répondra : « Il n'y a pas de raison. Je n'y ai jamais pensé. Personne ne m'a jamais invitée à le faire. »

Et si les gens ne se lancent pas dans l'industrie du « party plan », ce n'est pas parce qu'ils sont trop effrayés, occupés, paresseux, jeunes ou vieux, ou encore parce qu'ils ne croient pas être en mesure de vendre. Ce n'est pas parce qu'ils sont satisfaits de leur emploi ou qu'ils n'osent pas en changer. C'est que personne ne leur en a fait la proposition.

En matière de parrainage, le mot magique est « demander ». Ce n'est pas tout le monde qui sera intéressé. Mais vous vous adresserez à tout le monde, car vous ne savez pas à l'avance qui manifestera de l'intérêt pour votre offre. Ne tentez pas de lire dans les pensées de vos prospects ou d'anticiper leur réaction. La décision leur appartient. Votre tâche consiste à inviter le plus de gens possible à grossir les rangs de votre entreprise, de la meilleure façon possible.

Ne laissez pas votre manque d'expérience vous arrêter. L'enthousiasme et l'excitation joueront toujours en votre faveur. Vos nouvelles recrues et vous apprendrez et grandirez ensemble. Commencez donc à parrainer des gens dès vos débuts dans l'industrie.

Ne vous laissez pas rebuter par la distance. La technologie actuelle élimine tous les obstacles. Du recrutement au mentorat, tout peut se faire par téléphone, Skype et Internet. Les membres d'une même équipe qui vivent dans des régions différentes peuvent assister à des séminaires en ligne ou participer à des réunions au moyen de webcams. Si possible, faites un effort pour leur rendre visite en personne. Sinon, assurez-vous de les voir deux fois par année lors de congrès nationaux et du voyage de motivation annuel. Quels moments précieux vous passerez alors ensemble !

SECRET DE SUPERSTAR

Engagez-vous à participer chaque année au congrès national et au voyage de motivation qu'organise votre société. Notez ces événements dans votre agenda dès que les dates sont fixées et veillez à vous inscrire sans tarder. Si vous mettez de côté quelques euros après chacune de vos réunions de vente, vous couvrirez sans peine les frais d'inscription, de déplacement et d'hébergement. Vous aurez tout de même besoin d'un peu d'argent pour les dépenses accessoires et il est donc bon de vous constituer un budget de voyage.

Si vous tenez un registre de vos activités, la majorité de vos frais seront déductibles d'impôt.

Le principal obstacle au parrainage n'est pas le manque de prospects, le manque d'intérêt de leur part ou encore la conjoncture économique. Le plus grand obstacle que vous devrez surmonter est l'hésitation.

Apprendre à parrainer des gens exige de la patience et de la persévérance. Mais vous avez déjà acquis ces qualités en apprenant à vendre. Vous rappelez-vous cette invitée qui s'extasiait sur chaque produit dont vous faisiez la démonstration et qui s'esquivait ensuite sans rien acheter ? Vous rappelez-vous cette autre participante qui est demeurée sans expression tout au long de votre présentation et qui vous a ensuite surprise en passant une grosse commande ?

Vous ne pouvez pas prédire ce qui arrivera, mais vous accroîtrez vos chances de succès en parlant à beaucoup de gens. Il est arrivé à toutes les organisatrices de « party plan » de traverser la ville pour se rendre chez une hôtesse qui avait promis de recevoir 10 amies, mais qui n'en avait réuni que 2. Et parfois, elles ont battu un record de ventes alors qu'elles ne s'attendaient à rien d'extraordinaire.

Il en va de même avec le parrainage. C'est un jeu de nombres. Vous devez être prête à solliciter de nombreuses personnes si vous voulez entendre un « oui ».

Si seulement c'était aussi facile que d'obtenir un « oui » ou un « non ». Certains prospects semblent parfois sur le point de signer un engagement et puis se dégonflent ou signent avec une autre compagnie. Certains s'engageront avec beaucoup d'enthousiasme, mais perdront tout intérêt après seulement quelques commandes. D'autres signeront, mais ne feront rien, et d'autres encore travailleront d'arrache-pied. Et quelques-unes de vos recrues réussiront au-delà de toutes vos espérances. C'est ce qui fait que cette industrie est intéressante et que les récompenses sont spectaculaires pour les distributrices qui atteignent le statut de superstar.

Rien ne vous empêchera d'atteindre votre but si vous avez déjà pris en compte celles qui abandonnent rapidement et les indécises. La seule façon d'échouer, c'est de ne rien faire ou de vous accrocher à de mauvaises habitudes de parrainage qui ne donnent aucun résultat. Plus tôt vous vous débarrasserez de ces mauvaises habitudes, plus tôt vous constaterez des résultats.

Mauvaise habitude n° 1 : Se concentrer sur soi-même

Le parrainage n'a rien à voir avec vous, mais avec vos prospects. Leurs besoins, intérêts, attentes, situations et priorités différeront des vôtres et de ceux des gens à qui vous avez parlé la veille.

Il est plus difficile qu'il n'y paraît de ne pas tenir compte de ses propres sentiments. Même moi, je dois parfois me le rappeler. J'ai grandi dans une famille pauvre, et je suis donc profondément passionnée par la sécurité financière. Mais je me sens parfois coupable de beaucoup insister sur mes buts.

Lors d'un récent congrès national de ma société, j'ai animé un atelier sur l'établissement d'objectifs importants et j'ai utilisé l'endettement à titre d'exemple. Lorsque j'ai demandé aux membres de l'auditoire d'indiquer quels étaient leurs buts, une participante a dit : « Je veux rembourser le solde de mes cartes de crédit. »

Mais je pouvais percevoir dans ses yeux qu'il n'y avait aucune passion derrière ses paroles, et je lui ai donc demandé : « En êtes-vous certaine ? » Il y a eu quelques secondes de silence avant qu'elle sourie et dise : « Je ne me soucie pas vraiment de ma dette. Je veux seulement faire du shopping ! »

Son véritable but était un placard rempli de chaussures et alors que ces mots franchissaient ses lèvres, son regard s'est allumé comme un arbre de Noël.

Quelques minutes plus tard, lorsque j'ai demandé à une autre participante quel était son but, elle a répondu : « Le même que la dame aux chaussures ! »

Votre rôle ne consiste pas à déterminer ce que veulent vos prospects. C'est à eux de le faire. Votre tâche est de découvrir la *nature* de leurs désirs et de leur indiquer comment ils peuvent les concrétiser.

Mauvaise habitude n° 2 : Parler de votre compagnie

Il est facile de parler de toutes ces années pendant lesquelles votre société a été en activité, de ses fondateurs charismatiques et de son système de rémunération à tous les paliers, mais ces détails appartiennent au *Livre Guinness de l'ennui*. Pensez à quel point cela vous irriterait si vous ne pouviez pas acheter un sandwich ou une jupe sans vous faire étourdir par l'histoire des origines de l'entreprise.

S'il y a un moment où il convient de parler de l'histoire de votre compagnie, de ses fondateurs, de ses normes de fabrication ou de son siège social, c'est pendant la formation – après que votre prospect a signé son engagement. La prospection est cette étape où vous établissez des liens avec les gens, et vice versa.

Mauvaise habitude n° 3 : Faire preuve d'agressivité

Le parrainage n'est pas une chasse à l'homme. Si vous vous comportez comme un prédateur, vos prospects se sentiront comme des proies. Le manque de compassion relativement à leur situation et leurs sentiments pourra vous valoir un certain succès à court terme, mais vous n'irez pas loin, car vos prospects se précipiteront bientôt vers la sortie la plus proche lorsqu'ils vous verront venir – tout comme vous le feriez si quelqu'un tentait de vous tendre un piège.

Mauvaise habitude n° 4 : Les mots !

Répétez après moi : « Les mots ne sont pas mes amis. » Lorsque vos lèvres sont en action, vous n'apprenez rien. Plus vous passez de temps à parler, moins de temps vos prospects passent à vous écouter.

Le parrainage ne consiste pas à trouver les bons mots, mais à trouver les bonnes personnes.

Mauvaise habitude n° 5 : Croire que les gens vous font une faveur en devenant membres de votre équipe

C'est le contraire qui est vrai. N'êtes-vous pas reconnaissante envers votre marraine qui vous a fait découvrir l'industrie du

« party plan » ? Que serait-il arrivé si elle avait hésité à le faire, par indifférence ou par peur du rejet ? Si vous aimez ce que vous faites, vous serez excitée à l'idée d'en faire profiter les autres.

Mauvaise habitude n° 6 : Aborder le parrainage sans faire de nuances

Un « non » peut être beaucoup plus près d'un « oui » que vous ne le croyez. Très peu de nos décisions sont catégoriques. Elles se situent en général dans une zone grise. Nous pesons le pour et le contre avant de laisser pencher la balance.

Et ce qui peut faire pencher la balance d'un « oui » vers un « peut-être » ou un « non » n'est pas votre société, mais vous. J'ai rencontré des milliers de distributrices qui ont dit « non » à une personne pour ensuite dire « oui » à une autre. C'est la façon dont elles avaient été abordées qui a fait toute la différence.

Mauvaise habitude n° 7 : Croire que votre entreprise convient à tout le monde

Le parrainage est un processus de jumelage. C'est pour trouver les bonnes personnes que vous devez vous adresser à tant de gens. Sinon, vous n'irez pas loin. Qu'arrive-t-il si vous négligez de faire les premiers pas auprès d'un bon prospect ? Qu'arrive-t-il si vous refusez à d'autres la chance de prendre le contrôle de leur vie parce que vous avez le trac ou que vous les ignorez ? Qu'arrive-t-il lorsque vous ne parlez que de vos produits sans prendre le temps de présenter votre entreprise ?

Pour devenir une superstar du parrainage, vous devez vous débarrasser de vos mauvaises habitudes et les remplacer par de bonnes pratiques.

Bonne habitude n° 1 : Ouvrir plusieurs portes menant à votre entreprise

Plus vous ouvrirez de portes, plus de gens entreront. Une entreprise de vente directe peut prospérer grâce à des gens très différents qui œuvrent à divers paliers. Vous vous développerez plus rapidement en ciblant un vaste éventail de prospects.

Les mères de famille devraient se trouver en tête de liste. Le passage de la culture du « vivre pour travailler » à celle du « travailler pour vivre » a ouvert devant vous un tout nouveau monde de possibilités qui vous permet de construire une équipe. Une entreprise de vente directe outille les mamans afin qu'elles demeurent fidèles à leurs valeurs familiales et répondent en même temps à leurs besoins de plaisir, d'amitié et d'argent.

Pensez à ces femmes qui passent au bureau les meilleures années de la vie de leurs enfants. Combien différente serait leur existence, et celle de leurs enfants, si elles mettaient à profit leurs talents pour créer une entreprise à domicile ? Elles travailleraient, mais leur priorité numéro un demeurerait leur famille.

Tournez-vous vers les mamans qui restent à la maison. Toutes les mères de famille qui s'adonnent au « party plan » vous diront que le temps passé en compagnie d'adultes est l'un des aspects de leur entreprise qu'elles valorisent le plus.

Abordez des femmes qui travaillent, mais qui ont un emploi qui ne leur convient pas. Aussi bien rémunérées soient-elles, il n'y en a aucune qui vivra ses années de retraite en souhaitant avoir passé davantage de temps au travail.

Les femmes de carrière sont également d'excellents prospects. Plus elles sont ambitieuses, plus elles devraient se demander s'il est sage de laisser à quelqu'un d'autre le soin de déterminer leur valeur. Qui n'aimerait pas signer son propre chèque de paie, même si cela signifie travailler plus dur ?

Cherchez des propriétaires d'entreprises qui en ont assez des longues journées de travail pour ensuite voir la majeure partie de leurs profits durement acquis se faire siphonner par le propriétaire de leurs locaux et la banque.

Partez à la recherche de travailleuses qui devront bientôt envisager de prendre leur retraite, volontairement ou non. La perspective de ne plus travailler peut être terrifiante pour celles qui n'ont pas d'économies ni de projets avec lesquels meubler leur temps. Une entreprise de vente à domicile leur permettra de tenir les rênes de leur destinée. Elles pourront choisir quand commencer à travailler et quand s'arrêter – et lorsqu'on aime ce que l'on fait, on n'a pas l'impression de travailler.

Le fait que l'on puisse créer une entreprise de vente à domicile tout en continuant à travailler à plein temps élargit votre champ d'action dans votre quête de prospects. Pensez à des gens qui :

* Veulent se lancer dans une nouvelle carrière sans passer par une longue et onéreuse période de recyclage professionnel.
* Cherchent une activité différente, car ils occupent un emploi peu stimulant ou insatisfaisant.
* Souhaitent toucher un revenu complémentaire.
* Cherchent à compenser un manque à gagner parce que leur employeur a comprimé le nombre d'heures supplémentaires.
* S'inquiètent de ne pouvoir joindre les deux bouts si jamais ils perdent leur emploi. Dans une conjoncture économique incertaine, tout le monde a besoin d'un

fonds de secours permettant de survivre pendant six mois.

* Souhaitent profiter des avantages fiscaux qui sont assortis à la gestion d'une entreprise à domicile.

De nombreuses superstars de la vente directe disent qu'elles se sont lancées en affaires en pensant exercer cette activité pendant peu de temps, mais qu'elles ont vite découvert que le « party plan » était la carrière qu'elles avaient toujours cherchée sans le savoir. C'est pourquoi vous devez ouvrir tout grand vos portes.

N'oubliez pas les gens qui ont déjà évolué dans l'industrie de la vente directe. Il y a un roulement de personnel dans tous les segments du marché du travail et de nombreux vendeurs directs adhèrent souvent à une ou deux entreprises avant de trouver celle qui leur convient parfaitement.

Par souci d'intégrité, vous ne devriez jamais aborder des consultantes d'une autre société. Mais dès qu'elles la quittent, tout devient possible. Il y a des millions de distributrices qui pourraient être ravies d'obtenir une seconde chance de briller sur la scène du « party plan ».

Lors d'un entretien avec elles, tentez d'être précise en soulignant ce qui est nouveau, excitant et différent à propos de votre entreprise :

« La formation est incroyable. J'ai beaucoup appris. »

« Vous ne trouverez pas de produits équivalents dans les magasins. »

« C'est la société qui offre sa récompense à l'hôtesse et je garde donc la majeure partie de mes revenus. »

Si vous avez déjà évolué dans l'industrie de la vente directe, vous avez un avantage, car vous pourrez être encore plus précise :

« J'avais l'habitude de me sentir coupable parce que je ne trouvais jamais suffisamment de temps pour offrir un bon service à mes clientes. Ma nouvelle société leur envoie un bulletin d'information mensuel, signé de mon nom. Mes clientes pensent que j'en suis l'expéditrice. J'adore voir affluer les commandes alors que je n'y travaille pas directement. »

Considérez-vous comme une dénicheuse de talents qui est toujours à l'affût de gens qui pourront bénéficier de l'industrie de la vente directe. Vous pouvez les croiser n'importe où, n'importe quand.

SECRET DE SUPERSTAR

Le recrutement est toujours plus facile si vous savez à l'avance qui sera probablement intéressé par votre offre. Déterminez qui seront vos meilleurs prospects en lisant mon livre intitulé *Be a Recruiting Superstar*. Il est disponible dans la plupart des librairies traditionnelles et virtuelles, ainsi que sur mon site Web, www.marychristensen.com.

Bonne habitude n° 2 : Mettre l'accent sur l'écart qui existe entre ce que les gens ont et ce qu'ils veulent

Ce n'est pas ce que nous possédons qui nous motive à apporter des changements dans notre vie ; c'est l'écart qui existe entre ce que nous avons et ce que nous voulons.

Pour un grand nombre d'entre nous, cet écart se mesure en termes d'argent. Vous croiserez des gens qui ont besoin d'argent pour payer leurs factures, et d'autres qui veulent commencer à souscrire à un régime de retraite.

Tentez de repérer ces gens dont les revenus sont insuffisants pour concrétiser leurs rêves. Ils ont peut-être assez d'argent pour subvenir à leurs besoins quotidiens, mais ils veulent voyager, rénover leur maison, acheter une résidence secondaire, conduire une voiture neuve ou envoyer leurs enfants dans les meilleures écoles.

Chaque fois qu'il existe un tel écart, nous avons une alternative : soit renoncer à quelque chose, soit gagner davantage d'argent. J'ai fait un choix. La vie est bien trop courte pour s'accommoder de la médiocrité.

Toutefois, cet écart n'est pas toujours de nature financière. Il peut avoir trait à l'éducation, au statut social, à la reconnaissance, au développement personnel, etc. L'écart varie d'un individu à l'autre. Vous devez donc en déterminer la nature et exposer à vos prospects comment une entreprise de vente directe pourra les aider à le combler.

Bonne habitude n° 3 : Poser des questions qui poussent à la réflexion

Il est beaucoup plus important d'être intéressée que d'être intéressante. Plus vous poserez de questions, plus riches seront vos conversations et plus tôt vous découvrirez quelles sont les opinions et les priorités de vos prospects. Vous les intéresserez davantage à votre entreprise en vous intéressant à eux qu'en tentant de les amener à s'intéresser à vous.

Secret de Superstar

Pour devenir une grande communicatrice, le secret consiste à vous assurer que votre interlocutrice apprécie autant que vous la conversation. Lorsque vous encouragez les gens à parler de leurs intérêts, opinions et expériences, ils s'ouvrent à vous.

Posez des questions ennuyeuses et vous obtiendrez des réponses ennuyeuses. Posez des questions ouvertes, et les gens vous répondront vaguement. Posez des questions très précises, et vous découvrirez ce qui compte vraiment pour eux.

Posez ces questions de manière à révéler un besoin pour votre occasion d'affaires :

- « Si vous pouviez changer une chose dans votre travail, que feriez-vous en premier lieu ? »
- « Si vous trouviez 1 000 € dans votre porte-monnaie, qu'achèteriez-vous ? »
- « En quoi votre vie serait-elle différente si vous n'aviez plus de dettes ? »
- « Si l'on vous donnait une augmentation de salaire de 100 € par semaine, qu'en feriez-vous ? »
- « Si vous gagniez deux billets d'avion en première classe pour n'importe quelle destination dans le monde, où iriez-vous ? Et qui amèneriez-vous avec vous ? »
- « Si vous pouviez faire un cadeau spécial à votre famille aujourd'hui même, quel serait-il ? »
- « Si vous pouviez concrétiser un seul rêve personnel, que choisiriez-vous ? »

Les réponses de vos prospects seront très révélatrices et vous permettront de comprendre ce qu'ils pensent et ressentent. Testez d'abord ces questions auprès de vos amies et membres de votre famille afin de découvrir ce qui compte le plus dans leur vie.

Bonne habitude n° 4 : Se montrer fière de son entreprise

Lorsqu'on vous interroge sur votre travail, c'est pour vous l'occasion idéale de promouvoir votre entreprise :

* « J'ai un emploi fantastique. Je vends des bougies parfumées à domicile. »
* « J'organise des réunions de vente à domicile. Je suis représentante pour une compagnie de revêtements muraux thématiques. »
* « Je suis consultante indépendante pour le compte d'un grand fabricant de produits pour le corps. »
* « J'ai ma propre entreprise et je vends de superbes livres éducatifs. »

Concoctez une histoire que les gens aimeront entendre et à laquelle ils pourront s'identifier. Oubliez les détails non pertinents et sans importance de manière à rendre votre récit stimulant et inspirant, comme dans ces exemples :

> « Je suis enseignante, mais j'ai toujours rêvé de faire un safari en Afrique. Je savais que mon emploi ne me permettrait jamais de recueillir assez d'argent et j'ai donc créé une petite entreprise à temps partiel en vendant des bougies faites de cire d'abeille. Travailler à mon compte est plus satisfaisant que je l'avais imaginé au début, et j'ai maintenant économisé près de la moitié de l'argent que me coûtera mon voyage. »

> « L'an dernier, ma mère a été malade et cela a tiré une sonnette d'alarme. J'ai décidé de mieux prendre soin de moi. Une voisine a suggéré que maman essaie un extraordinaire supplément nutritionnel et j'ai moi aussi commencé à en

prendre. Cela a fait une telle différence pour nous deux que j'ai décidé d'en vendre. Ce supplément a amélioré mon état de santé et mon entreprise a changé ma vie. »

« Je suis une mère de famille. J'ai deux jolies fillettes et j'adore passer du temps avec elles. Mais je ne veux pas renoncer à mon indépendance. J'organise donc deux réunions de vente par semaine afin de rencontrer des gens et d'avoir un peu de temps pour moi. Mais ce qu'il y a de mieux, c'est l'argent que cela me rapporte et qui me permet de gâter ma famille. »

Bonne habitude n° 5 : Parler de son entreprise chaque fois que l'occasion se présente

Restez à l'affût de raisons pour lesquelles vos prospects pourraient tirer avantage de votre entreprise :

* Quelqu'un qui ne semble pas satisfait de son emploi : « Avez-vous déjà songé à travailler à votre compte ? Je développe actuellement une petite entreprise à domicile. Cela m'a ouvert les portes d'un tout nouveau monde. »
* Quelqu'un qui a des dettes ou des problèmes de liquidités : « Avez-vous déjà pensé à créer une entreprise à temps partiel afin d'arrondir vos fins de mois ? Le revenu supplémentaire que je tire de mon entreprise a fait une grande différence dans ma vie. »
* À une amie ou une proche parente : « Sais-tu que nous pourrions travailler ensemble ? Pense seulement au plaisir que nous aurions. »

* À une voisine qui a des produits similaires aux vôtres sur le comptoir de sa cuisine : « Savais-tu que tu pouvais acheter ces produits en gros ? »
* Des amies, membres de la famille, voisines ou collègues qui disent avoir pris du poids : « Essaie l'une de ces barres-collation faibles en calories. Elles n'en contiennent que 80 et elles sont délicieuses. »

Bonne habitude n° 6 : Toujours livrer un message simple

Ne compliquez pas la situation en donnant trop de détails. Chaque chose en son temps. Une avalanche d'informations livrées trop tôt rebutera probablement vos prospects au lieu de les enthousiasmer. Allez-y doucement.

Le but de votre première approche est d'éveiller l'intérêt de vos prospects. Ils accepteront plus aisément de passer à la prochaine étape (p. ex. vous rencontrer ou vous demander de leur envoyer de la documentation) s'ils sont intrigués par ce que vous dites. En fournissant trop d'explications, vous n'aurez plus aucune raison d'effectuer un suivi.

La plupart des nouvelles venues dans le secteur du « party plan » commencent par de petits buts qui, souvent, deviennent grands une fois qu'elles ont goûté aux avantages de l'industrie. Personne ne veut s'engager dans une activité qu'il ne comprend pas pleinement, et si vous en mettez trop, vous ferez fuir vos candidates éventuelles. Parlez plutôt de « revenus par réunion » et utilisez des expressions informatives peu poussées telles que « petite entreprise » et « temps partiel ».

Évitez le jargon. N'employez pas de termes propres à l'industrie, comme « lignée ascendante en amont (up-line) vers le haut de la ligne de parrainage », « groupe, lignée descendante en aval (down-line) vers le bas de la ligne de parrainage », « propriétaire d'entreprise indépendant » ou des abréviations telles que IBO, PV et BV et CA, car vous ne ferez qu'embrouiller ou ennuyer vos prospects.

Bonne habitude n° 7 : Effectuer un suivi

Ne laissez jamais vos prospects dans l'incertitude. Ayez toujours une « prochaine étape » à leur proposer. Si un prospect accepte votre offre, faites-lui signer immédiatement un engagement. Plus tôt il signera, plus tôt il pourra viser l'atteinte de ses buts.

Si un prospect hésite encore, gardez les lignes de communication ouvertes de l'une ou l'autre des façons suivantes :

* Invitez-le à un événement qui se tiendra dans un proche avenir.
* Offrez-lui un livre, CD ou DVD qui l'aidera à mieux connaître l'industrie.
* Envoyez-lui un magazine qui dresse le portrait de votre société. Suggérez-lui de lire des articles qui ont un lien avec sa situation et dites-lui, par exemple : « Vous devriez lire l'article qui se trouve à la page 46. Il traite de l'une de nos meilleures vendeuses et elle me fait penser à vous. Elle était maman à temps plein, elle aussi. »
* Invitez-le à écouter un appel de prospection. Ce n'est pas ma technique préférée (je la trouve impersonnelle), mais elle est inoffensive si la personne qui fait l'appel est charismatique. Assurez-vous d'être présente de manière à effectuer un suivi en posant la question suivante : « Quelle partie de cet appel avez-vous trouvé la plus intéressante ? »

Secret de Superstar

Ne donnez jamais l'impression de pousser votre prospect à prendre une décision.

Une bonne façon de continuer à capter son intérêt, mais sans exercer de pression, consiste à user de psychologie inversée en disant : « Maintenant que vous savez de quoi il s'agit, oubliez tout ça pendant quelques jours. Et si vous vous surprenez à y réfléchir, peut-être pourrions-nous en reparler. »

Faites toujours preuve d'intégrité avec vos prospects. Si elles refusent votre offre, envoyez-leur une note manuscrite pour les remercier d'avoir pris le temps de vous rencontrer. Si vous les poussez à se sentir embarrassées par leur décision, elles ne voudront plus jamais entendre parler de vous.

Le principe qui sous-tend le parrainage est simple : vous cherchez des gens qui sont parfaits pour votre entreprise parce que votre entreprise est parfaite pour eux. Tout comme la princesse doit embrasser un grand nombre de grenouilles pour trouver son prince, vous devrez vous adresser à beaucoup de monde avant de trouver vos superstars du « party plan ».

CHAPITRE 8

Sachez guider vos hôtesses

Vos hôtesses et vous formez une équipe formidable. Vous gagnez si elles gagnent ! Elles gagnent si vous gagnez !

Ne restez donc pas les bras croisés à ne rien faire lorsqu'une soirée est prévue. Plus vous serez enthousiaste, confiante et méthodique, plus votre hôtesse sera enthousiaste, confiante et méthodique.

Créez un dossier distinct pour chaque réunion de vente. Gardez-y tous les documents qui s'y rapportent, de la confirmation de la réservation jusqu'aux appels de suivi. Une liste de contrôle attachée sur la couverture du dossier vous permettra de vérifier que chaque étape a été complétée.

Préparez plusieurs sacs-cadeaux et veillez à toujours en avoir au moins 10 sous la main. Apportez-en 4 à chaque réunion et transportez-en toujours 2 avec vous de manière à être prête si vous faites la connaissance d'une hôtesse éventuelle. Dans chaque sac, mettez :

* Un dépliant décrivant les récompenses des hôtesses ;
* Un dépliant décrivant les primes accordées aux hôtesses ;

- Une liste de produits à choisir pendant l'opération récompenses ;
- Des catalogues de produits ;
- Des bons de commande ;
- Une liste d'invitées comportant suffisamment d'espace pour y inscrire 25 noms et numéros de téléphone, ainsi que vos coordonnées et la date à laquelle elle devra vous être retournée ;
- Un dépliant décrivant votre occasion d'affaires (sauf si vous préférez l'envoyer plus tard, ce que je recommande) ;
- Une enveloppe servant à recueillir les paiements et sur laquelle figurent vos coordonnées ;
- Une carte « Défi de l'hôtesse » (voir l'illustration 1 à la page 210, chapitre 15, « Il est payant de jouer ») ;
- 25 cartes postales pour les invitations.

Ayez toujours sur vous quelques petites fiches vierges. Lorsqu'une hôtesse réserve une date, préparez une carte de remerciement, inscrivez-y la date de sa réunion et glissez-la dans son sac-cadeau.

Secret de Superstar

Personnalisez les invitations en posant de petits autocollants de différentes couleurs et formes dans le coin droit de chaque fiche avant de les remettre à votre hôtesse qui les postera. Mettez des doubles de ces autocollants dans une enveloppe en vue du tirage que fera l'hôtesse. Vous trouverez des feuilles d'autocollants dans la plupart des boutiques d'artisanat.

Attirez l'attention des invitées sur l'autocollant qui se trouve sur leur fiche lorsque vous leur téléphonez deux jours avant la réunion de vente. Dites : « Regardez bien votre carton d'invitation. Il y a un autocollant en haut à droite. Il pourrait vous porter chance lors du tirage. Ne l'oubliez surtout pas. »

Grâce à cette mesure toute simple, moins d'invitées vous feront faux bond, car en général, les gens ont peine à résister à la chance de gagner un cadeau.

Le parrainage, étape par étape

Chacune de vos hôtesses sera différente. La façon dont vous les parrainerez dépendra de votre relation, de sa confiance et de son expérience. Vous devrez également tenir compte du temps que vous pourrez lui consacrer entre le moment de la réservation et la réunion de vente.

Les trois secrets d'une réunion de vente réussie sont :

1. Des invitées !
2. Des invitées !
3. Des invitées !

Viser 10 invitées est bien, mais pourquoi vous arrêter là ? Si votre parrainage se solde par une invitée supplémentaire à chaque réunion, votre entreprise connaîtra une croissance de 10 pour cent. Et imaginez si cette invitée devenait votre prochaine superstar !

La principale raison pour laquelle les hôtesses n'arrivent pas à réunir suffisamment d'invitées est la piètre qualité du parrainage qu'elles reçoivent. Si possible, prévoyez donc 5 séances de parrainage. La première durera de 15 à 20 minutes, et les suivantes de 5 à 10 minutes chacune. Une heure consacrée au parrainage de vos hôtesses est un investissement minime si l'on considère le potentiel de chaque réunion de vente. Le parrainage est également l'occasion idéale de tisser des liens avec vos hôtesses et il amorce le processus qui pourrait bien en faire des consultantes.

Fixez le plus tôt possible la date de votre première séance de parrainage

Le parrainage a autant trait à la création d'un sentiment de bien-être qu'aux détails pratiques. Soyez donc aussi enthousiaste que concentrée. Vous ne voulez pas que votre hôtesse se sente tendue, incertaine ou nerveuse. Vous voulez qu'elle soit confiante, excitée et motivée à faire de sa soirée une grande réussite.

Les étapes qui suivent sont un gage de succès pour votre hôtesse.

Dites à votre hôtesse que vous l'appréciez et que vous avez confiance en elle

Un simple appel renforcera grandement la confiance de l'hôtesse :

> « Merci d'avoir accepté d'organiser une réunion de vente. J'ai hâte de rencontrer vos amies et je sais que votre soirée sera réussie. »

Posez-lui des questions pour déceler ses attentes

> « Que préférez-vous à propos de nos produits ? »
>
> « Que croyez-vous que vos amies préféreront ? »
>
> « Qu'avez-vous surtout aimé pendant la réunion organisée par Françoise ? »

« Qu'est-ce qui vous a avant tout convaincue d'animer une réunion de vente ? Est-ce la superbe récompense que nous offrons à l'hôtesse ? »

Plusieurs raisons peuvent l'avoir motivée :

* La récompense de l'hôtesse.
* Cela lui a paru une façon amusante de réunir ses amies.
* Elle voulait se faire gâter et être le centre de l'attention.
* Elle a pris sa décision impulsivement.
* Ses amies organisent toutes des réunions et elle a estimé que c'était son tour.
* Elle voulait aider une amie à obtenir le prix offert lors d'une réservation.

Secret de Superstar

Si votre hôtesse sent que vous exercez de la pression, elle pourrait bien regretter sa décision. Rassurez-la en disant : « Je ne vous remercierai jamais assez d'avoir fait cette réservation. Ai-je raison de penser que vous le faites pour aider Jacqueline ? C'est très gentil et je ferai tout ce qui est en mon pouvoir pour que vous ne le regrettiez pas. »

Vous pouvez raisonnablement supposer que les récompenses sont l'une des principales motivations de l'hôtesse

Abordez sans tarder le sujet des récompenses en disant : « Nous formons une équipe ! Ma tâche consiste à faire en sorte que vous obteniez le plus grand nombre possible de produits gratuits. Et votre tâche consiste à remplir la pièce.» Vous voulez que votre hôtesse se concentre sur ses invitées. Faites donc en sorte de ne pas la distraire.

Expliquez que votre meilleur niveau de primes est atteint, par exemple, avec des ventes de 500 € réparties sur 2 soirées. Encouragez votre hôtesse à atteindre ce palier, ou même à faire mieux, en lui disant : « Faisons en sorte que vous receviez le plus grand nombre de produits gratuits. »

Aider votre hôtesse à dresser la liste des produits qu'elle convoite est un volet amusant de votre travail de parrainage. Feuilletez donc votre catalogue avec elle. En lui faisant des suggestions et en vous montrant enthousiaste devant ses choix, vous consoliderez votre partenariat. Proposez-lui de maximiser ses récompenses en sélectionnant des articles à bas prix en guise de produits gratuits et de réserver les plus chers pour le moment où elle se prévaudra de son privilège d'achat à moitié prix.

Fixez-vous comme objectif de l'aider à obtenir tous ces produits et conseillez-la en lui parlant de vos propres réunions de vente :

> Par exemple : « En moyenne, mes ventes sont de l'ordre de 500 € par réunion, mais je veux que vous fassiez mieux. La meilleure façon d'y arriver est d'inviter beaucoup de monde. »
>
> Ou :
>
> « En moyenne, mes ventes sont de l'ordre de 50 € par invitée. Donc, 10 invitées nous aideraient à atteindre cet objectif de 500 €. Si vous pouvez réunir 12 amies, ce sera encore mieux. »

Si elle a effectué sa réservation pendant la réception d'une amie, soyez plus précise :

« Joëlle avait 8 invitées et ses ventes se sont élevées à 400 €. Visons 10 invitées et des ventes de 500 € ; c'est un chiffre magique, car il vous permet d'obtenir un produit supplémentaire à moitié prix et je sais que vous aimeriez bien vous procurer [nom du produit]. »

Aidez votre hôtesse à dresser sa liste d'invitées

Expliquez-lui qu'elle devra inviter 25 personnes si elle veut en attirer 10. Plus vous lui ferez de suggestions, plus nombreuses seront les amies à qui elle pensera à envoyer une invitation. La majorité des compagnies de « party plan » suggèrent que ces invitées soient recrutées parmi les amies, parentes, connaissances, voisines et personnes connues par l'entremise des enfants. Vous pouvez également lui poser des questions qui lui permettront d'élargir ce bassin d'invitées éventuelles :

« Qui, parmi vos connaissances, organise les plus belles réceptions ? »

« Qui, parmi vos connaissances, organise le plus grand nombre de réceptions ? »

« Qui vous a déjà invitée à une réunion de vente ? »

Ces personnes devraient être les premières à recevoir son invitation, car il y a de fortes chances qu'elles décident elles aussi de tenir une réunion de vente afin de l'aider à obtenir son privilège d'achat à moitié prix.

Suggérez également d'inviter des femmes qui utilisent régulièrement vos produits. Il est fort probable qu'elles passeront de grosses commandes : « Qui, parmi vos connaissances, porte le plus de bijoux [est une cuisinière hors pair, a toujours un appareil photo sous la main, adore fréquenter les spas] ? »

Proposez-lui d'inviter des compagnes qui égaieront la soirée :

« Qui, parmi vos connaissances, est la plus amusante ? »

« Qui a le plus d'amies ? »

« Qui est la plus enthousiaste devant ce qui est nouveau ? »

Proposez-lui de lancer une invitation ouverte à ses collègues, aux membres de son église, à ses amis sur Facebook et aux mamans qui fréquentent la garderie de ses enfants.

Si vous manquez d'idées pour combler l'espace sur votre liste d'invitées, utilisez mon aide-mémoire de A à Z (à la fin du chapitre 5).

Secret de Superstar

Encouragez votre hôtesse à remplir sa liste d'invitées en commençant par la fin. Si elle a de l'espace pour y inscrire 25 noms, dites-lui de noter le premier sur la dernière ligne et de remonter ainsi jusqu'à la première.

En commençant par la première ligne, votre hôtesse pourrait être tentée de s'arrêter avant la fin, croyant avoir pensé à toutes ses connaissances. Mais les lignes vierges en tête de liste ne passeront pas inaperçues. En commençant par la fin, elle aura davantage tendance à ajouter des noms jusqu'à ce que sa liste totalise 25 noms.

Plus tôt votre hôtesse commencera à inviter ses amies, mieux ce sera

Rappelez-lui que plus elle tarde à lancer ses invitations, plus elle risque de se faire répondre par ses amies qu'elles ont déjà un engagement.

Secret de Superstar

Recommandez à votre hôtesse de téléphoner à ses amies avant de leur envoyer un carton d'invitation. Tout le monde aime se sentir spécial. Si elle leur dit : « Ce sera encore plus amusant si tu es là », plus d'amies accepteront.

Si votre hôtesse affirme : « Je n'ai pas le temps de téléphoner à toutes mes amies », dites-lui : « Je comprends. Mais si je vous recommande de faire ces appels, c'est que les gens aiment bien recevoir une invitation de vive voix. Cela leur donne un sentiment d'importance. De plus, il est difficile d'insuffler le même enthousiasme dans une carte postale ou un courriel. Je veux que cette soirée soit une grande réussite pour vous et si vous trouvez le temps de faire ces appels, je vous promets que cela sera avantageux pour vous. »

Enseignez-lui à se montrer convaincante. Insistez sur le fait que son but est de donner envie aux invitées d'assister à la réunion, et non pas d'expliquer tout en détail. Voici ce qu'elle pourrait leur dire :

> « Je tiens une réunion de vente jeudi prochain et j'ai invité une consultante d'une compagnie de produits alimentaires gastronomiques. Elle nous présentera de superbes recettes estivales. Pourras-tu être présente ? »
>
> « Il est temps de nous réunir entre amies et j'ai pensé qu'une soirée de *scrapbooking* serait amusante. »

> « J'organise une soirée entre amies mercredi prochain et tu es celle que j'ai le plus hâte de voir. »

> « J'organise une présentation de lingerie fine et je n'invite que 10 amies. J'aimerais beaucoup que tu sois présente. »

Si votre hôtesse a déjà assisté à une réunion de vente, encouragez-la à faire part de son expérience lorsqu'elle téléphone à ses amies :

> « Je viens d'assister à une présentation de sacs à main et je me suis tellement amusée que j'ai décidé d'organiser ma propre soirée. Les modèles étaient fabuleux. Es-tu libre le 16 ? Il faut vraiment que tu voies ça. »

> « J'ai passé un très bon moment chez Martine et j'y ai découvert de merveilleuses nouvelles idées de décoration. Et tellement simples ! Je suis impatiente que tu voies ses papiers peints. »

> « Nous allons bien nous amuser. Ma peau a été resplendissante pendant des jours après la présentation d'Anne. J'ai décidé d'organiser une soirée afin de profiter encore une fois de ses produits. »

> « Attends de voir les bijoux. Ils sont magnifiques. J'aurais presque tout acheté si j'en avais eu les moyens. »

> « Je reçois quelques amies jeudi prochain dans le cadre d'une réunion de vente à domicile. Une consultante de linge de maison viendra présenter sa collection de printemps. Et je me rappelle que tu as l'intention de redécorer ta chambre d'amis. »

> « Je viens tout juste de découvrir le plus merveilleux des produits. Savais-tu que tu pouvais publier ton propre album-souvenir ? J'ai l'intention d'en commencer un pour chacun de mes enfants et j'ai invité quelqu'un qui m'enseignera à

le faire. Christine et Nicole seront présentes. Veux-tu te joindre à nous ? »

Aidez votre hôtesse à se fixer un objectif en ce qui a trait à l'assistance

Le « Défi de l'hôtesse » (voir l'illustration 1 à la page 210) est une façon amusante d'attirer l'attention de votre hôtesse sur ce qu'elle doit faire pour réussir. Passez en revue chaque case avec elle et demandez-lui : « Croyez-vous pouvoir faire ça ? » Vérifiez si elle a des questions et expliquez-lui que si elle réunit 12 amies ou plus, elle pourra cocher la case « 10 invitées et plus » et la case « 12 invitées ou plus ».

Si vous préférez lui lancer un défi plus simple, ajoutez ces mots sur la liste des produits qu'elle souhaite recevoir : « En fait, 8 est fantastique, 9 est divin, 10 est sensationnel ! » pour l'encourager à atteindre un objectif de 10 invitées.

Et si vous choisissez de ne pas lui demander de relever ce défi, dites-lui : « Si je reçois votre liste d'invitées d'ici vendredi, j'aurai un petit cadeau pour vous. » Cette liste d'invitées est précieuse, car elle vous permettra de faire un rappel amical par téléphone, d'effectuer un suivi auprès des invitées qui ne se sont pas présentées et d'ajouter des noms à votre banque de données. Selon mon expérience, il n'y a pas de réunion de vente sans liste d'invitées.

Suggérez à votre hôtesse de garder dans son sac des cartons d'invitation et des catalogues de produits de manière à en distribuer au travail, à la garderie, etc.

Rappelez-lui qu'elle peut offrir à ses amies de passer une commande même si elles ne peuvent assister à une réunion et encouragez-la à viser l'obtention de deux commandes avant la date de sa soirée en lui disant : « Ces commandes pourront s'ajouter à celles qui seront passées pendant votre réunion de vente et vous permettront de prendre un bon départ. »

Entendez-vous sur la date à laquelle votre hôtesse enverra ses invitations (après qu'elle aura téléphoné à ses amies)

Plus elle mettra l'accent sur sa soirée, plus de gens voudront y assister. Recommandez-lui d'envoyer un courriel de suivi ou une petite note quelques jours après l'expédition des invitations. Aidez-la à lancer des invitations par le biais de votre site Web de manière à ce que ses invitées puissent confirmer leur présence en ligne. Vous connaîtrez ainsi le nombre de participantes qui assisteront à la réunion. De plus, un rappel téléphonique stratégique pourra encourager les invitées à s'engager.

Répondez sans tarder aux questions et aux préoccupations de votre hôtesse

Il arrive souvent qu'une hôtesse qui s'est engagée impulsivement à tenir une réunion de vente remette sa décision en question dès le lendemain. Personne ne veut que sa soirée soit un fiasco et certaines personnes sont naturellement anxieuses. Lorsque vous savez ce que pense votre hôtesse, vous pouvez faire face à la situation.

Voici comment rassurer votre hôtesse :

Préoccupation : « Je ne crois pas que je pourrai rassembler autant de participantes que Linda. »

Réponse : « C'est votre soirée et nous ne la comparerons à aucune autre. Je vous suis très reconnaissante d'avoir décidé d'organiser une réunion et je sais que Linda en est également très heureuse puisque votre réservation lui a permis d'acheter un article à moitié prix. Invitez le nombre d'amies que vous souhaitez. Les petites soirées comme les grandes me conviennent et je veux avant tout que vous vous sentiez à l'aise. »

Préoccupation : « Ma maison est trop petite. Je ne pourrai jamais recevoir 25 personnes ! »

Réponse : « Je suis d'accord. Peu de gens ont une maison assez grande pour un tel rassemblement. Mais si je vous suggère d'inviter 25 amies, c'est qu'elles ne pourront pas toutes venir. De plus, certaines invitées confirmeront leur présence, mais se désisteront à la dernière minute – leurs enfants sont malades, leur mari est retenu au bureau ou elles n'ont pas pu trouver quelqu'un pour les garder. Toutes mes hôtesses disent qu'elles doivent inviter 25 amies si elles veulent que 10 personnes assistent à leur soirée. »

Préoccupation : « Je ne le fais pas pour les récompenses. »

Réponse : « C'est fantastique ! La majorité des hôtesses sont justement motivées par les récompenses. Mais je veux tout de même que vous les ayez. Vous les méritez et c'est ma façon de vous montrer à quel point je vous suis reconnaissante. Acceptez-les. »

Préoccupation : « Le nombre d'amies qui seront présentes m'importe peu. Je veux seulement qu'elles s'amusent. »

Réponse : « Je suis d'accord. Nous voulons que cette soirée soit amusante pour toutes, vous y compris. En ce qui me concerne, je trouve que plus il y a d'invitées, plus la soirée est agréable. Êtes-vous déjà allée à une réception où il n'y avait presque personne ?

L'atmosphère n'est pas la même. Lorsque la pièce est bondée, tout le monde se détend et passe un bon moment. »

Il importe avant tout de faire en sorte que votre hôtesse se sente confiante et enthousiaste, qu'elle croit que sa soirée sera une réussite. Certaines hôtesses adorent téléphoner à leurs amies, envoyer des invitations et préparer des collations. D'autres aiment poster leurs invitations, afficher la date de leur réunion sur Facebook et acheter une collation au supermarché. En posant des questions à vos hôtesses, en écoutant leurs réponses et en observant leur comportement, vous pourrez adapter vos techniques de parrainage en fonction de leurs champs d'intérêt et de leur expérience.

Demandez à votre hôtesse de recevoir simplement

Vous ferez cette requête pour trois raisons :

1. Vous voulez qu'elle aime sa soirée.
2. Une collation trop élaborée laisse entendre qu'animer une soirée coûte cher et exige beaucoup de préparation, ce qui pourrait décourager d'éventuelles hôtesses qui ont peu d'argent et de temps.
3. La nourriture peut être une source de distraction.

Conseillez-lui gentiment d'éviter que des enfants soient présents, et si ce n'est pas possible, de veiller à ce qu'une gardienne s'en occupe, ou encore de les installer dans une autre pièce avec un DVD et une collation.

Fixez la date et l'heure de votre prochain appel et terminez sur une note positive : « Je crois que nous formerons une excellente équipe. Vous vous occupez de remplir la pièce et je veillerai à transformer votre liste de produits préférés en une séance de *shopping* gratuite. »

Effectuez votre deuxième appel environ 10 jours avant la réunion

Beaucoup de choses ont pu se produire depuis votre premier appel et votre enthousiasme arrivera à point nommé.

Commencez par vérifier si votre hôtesse a complété ces étapes :

* Vous a-t-elle envoyé sa liste d'invitées ?
* A-t-elle téléphoné à toutes les amies qu'elle a inscrites sur sa liste ?
* A-t-elle posté les invitations ?

Sa rétroaction vous permettra de déterminer la teneur de votre deuxième appel. Félicitez-la pour ce qu'elle a accompli jusque-là et rappelez-lui ce qu'il lui reste à faire, par exemple vous envoyer sa liste d'invitées ou poster ses invitations.

Les hôtesses qui n'ont pas posté leurs invitations vous promettront généralement de le faire immédiatement, mais d'autres tenteront de se trouver une excuse : « J'ai été très occupée. »

Si vous sentez que votre hôtesse est vraiment tendue, dites-lui : « Vous stresser est bien la dernière chose que je veuille. Tout ça est censé être amusant. Voulez-vous que je poste les invitations pour vous ? Il suffit que vous prépariez une liste d'invitées. Nous pouvons communiquer avec elles par mail de manière à ce qu'elles confirment leur présence en ligne. Et je pourrai apporter un plateau de biscuits, si ça peut vous aider. Personne ne s'attend à des plats gastronomiques. »

Demandez-lui combien de personnes ont confirmé leur présence et quel a été le pourcentage d'acceptation (dans notre industrie, la moyenne est de 65 pour cent, et votre hôtesse devra probablement effectuer un suivi).

Si plusieurs de ses invitées ont décliné son invitation, rassurez-la en lui disant qu'elle a encore le temps de faire d'autres appels. Dites : « Avez-vous de nouvelles voisines ? Pourquoi ne les inviteriez-vous pas ? »

Si c'est le cas, proposez-lui d'aller se présenter : « Bonjour, je m'appelle Sandrine. J'habite au numéro 19 et j'ai tenu à venir vous saluer. Votre installation se passe bien ? Voici mon nom et mon numéro de téléphone, juste au cas où vous auriez besoin de quelque chose. Et j'en profite pour vous dire que je reçois quelques amies mardi prochain dans le cadre d'une présentation de bijoux. J'ai pensé que ce serait pour vous une excellente occasion de rencontrer quelques-unes de vos nouvelles voisines. Je sais qu'elles seront heureuses de faire votre connaissance. »

Plus vous lui ferez de suggestions, plus il est probable qu'elle constate avoir oublié des gens.

À une voisine qu'elle n'a pas vue depuis un certain temps, elle pourra lui dire : « Il semble que nous n'ayons jamais l'occasion de nous croiser. J'organise une petite soirée jeudi prochain et je vous invite. J'ai une amie qui vend de superbes sacs à main et elle nous fera une petite présentation. Mais c'est avant tout une excuse pour se réunir entre amies. J'aimerais beaucoup que vous soyez présente. »

À une amie qu'elle a négligée, elle pourra dire : « Cela fait des siècles qu'on ne s'est pas vues. J'organise une petite réception le 15 afin de réunir mes amies avant la fin des classes. J'ai invité une consultante qui vend des vêtements de sport. Elle nous présentera sa collection d'été. Nous pourrons ainsi découvrir les nouvelles tendances. »

À une proche parente, elle pourra dire : « Es-tu libre samedi ? J'aimerais te présenter quelques amies. J'ai aussi invité une spécialiste en chocolat qui fera une démonstration de ses produits et nous enseignera à préparer de délicieux desserts. »

À l'enseignante de son enfant, elle pourra dire par exemple : « Un grand nombre de mes amies ont un enfant dans votre classe et nous avons pensé qu'il serait agréable d'apprendre à mieux vous connaître. Nous organisons une petite fête autour de la piscine. Ce sera très amusant. Vous joindrez-vous à nous ? »

SECRET DE SUPERSTAR

Rappelez à votre hôtesse qu'une invitation est une forme de compliment. Aucune amie ne souhaite être ignorée ou oubliée. Nous préférons toutes décliner une invitation plutôt que de découvrir que nous ne faisons pas partie de la liste d'invitées.

Votre hôtesse pourra également allonger sa liste d'invitées en demandant tout simplement à chacune de ses amies de venir accompagnée d'une copine. Cela fonctionne bien lorsque les conditions climatiques sont mauvaises et que les invitées doivent parcourir une longue distance pour se rendre chez vous. Lorsqu'il y a entente de covoiturage, il est plus difficile d'annuler. Conseillez-lui de dire : « Salut, Marie. Je suis impatiente de te voir. Viens avec une amie, car la soirée sera très amusante. La maison est grande. »

SECRET DE SUPERSTAR

Ce sera encore mieux si votre hôtesse appelle l'amie de son amie par son prénom : « Salut, Stéphanie. J'ai hâte de te voir la semaine prochaine. Je me demandais si tu pouvais venir avec ta sœur Sophie. Elle est amusante et ça me ferait plaisir de la revoir. »

Imaginez à quel point Sophie sera flattée quand Stéphanie l'appellera et lui dira : « Céline organise une petite fête la semaine prochaine et elle m'a demandé de t'inviter à te joindre à nous. »

Conseillez à votre hôtesse de ne jamais lui dire : « Il n'est pas nécessaire que tu achètes quelque chose. » Si une amie est réticente ou demande si elle sera obligée de passer une commande, votre hôtesse pourra lui rétorquer :

> « Bien sûr que non. Il n'y a pas d'obligation. En ce qui me concerne, c'est le contraire qui a été mon problème, la première fois. Je voulais tout. »
>
> « J'ai invité la consultante dont j'ai fait la connaissance à la réunion de Jeanne et elle n'a exercé aucune pression sur les invitées. Nous nous sommes beaucoup amusées. »

Encouragez votre hôtesse à adopter une approche proactive dynamique. Après l'envoi des invitations, suggérez-lui de téléphoner à ses amies et de leur demander si elles ont reçu la leur et si elles comptent être présentes.

Rappelez à votre hôtesse de présenter votre catalogue de produits aux invitées qui ont décliné l'invitation et de leur proposer de passer une commande. En mettant l'accent sur quelques belles promotions, elle encouragera ses amies à faire des achats sans assister à une réunion. Rappelez-lui de recueillir les paiements, incluant les taxes et les frais d'expédition, de manière à les ajouter au total des ventes qu'elle réalisera pendant sa soirée.

SECRET DE SUPERSTAR

Ne vous attendez pas à ce que votre hôtesse se souvienne de tous les détails. Facilitez-lui la tâche en surlignant les points importants sur le bon de commande de manière à ce qu'elle n'oublie pas d'ajouter les frais applicables, comme les taxes et les frais d'expédition.

Si vous offrez un produit extrêmement populaire ou exceptionnel, il pourra être rentable de fournir quelques échantillons à votre hôtesse.

Répondez à toutes ses questions et dites, avant de confirmer la date de votre prochain appel : « Il ne reste que 10 jours avant votre réunion de vente. Êtes-vous excitée ? »

Fixez la date et l'heure de votre troisième appel quatre jours avant la réunion

Le moment crucial approche ! Vous voulez que votre hôtesse soit enthousiaste et confiante, et il est maintenant temps qu'elle élimine tous les obstacles si elle veut obtenir des résultats.

Vérifiez combien d'invitées ont confirmé leur présence et félicitez votre hôtesse en lui affirmant : « Vous vous en sortez très bien ! »

Rappelez-lui les récompenses que lui rapportera un fort taux de participation et, si nécessaire, faites-lui d'autres suggestions.

Secret de Superstar

Gardez une liste de suggestions près de votre téléphone de manière à y avoir facilement accès :

«Y a-t-il quelqu'un que vous n'avez pas vu depuis un certain temps, peut-être une ancienne collègue ou voisine ?»

«Y a-t-il un membre de votre église que vous aimeriez apprendre à mieux connaître ?»

«Peut-être pourriez-vous inviter quelqu'un qui travaille dans un autre service que le vôtre ?»

«M'avez-vous dit que votre fils jouait au baseball ? Pourquoi ne pas inviter les mamans de ses camarades ?»

«Avez-vous affiché la date de votre réunion sur votre page Facebook ? Il n'est pas trop tard.»

«Avez-vous pensé à vos amies qui vous suivent sur Twitter ?»

Rappelez-lui d'appeler ses invitées deux jours avant la réunion pour s'assurer qu'elles seront présentes.

Si elle affirme : «Je n'ai pas le temps de faire ces appels», dites : «Je comprends. Mais je vous recommande de les faire parce que les gens oublient parfois, même s'ils ont accepté votre invitation. Je ne saurais vous dire combien de fois j'ai entendu des invitées me faire cette remarque : «Merci de m'avoir appelée. J'avais complètement oublié.» Si vous trouvez le temps de faire quelques appels, cela fera une énorme différence. Ce ne sera pas très long, car de toute manière, vous devrez probablement laisser un message dans leur boîte vocale.»

Demandez encore une fois à votre hôtesse : «Avez-vous rencontré quelqu'un ou pensé à quelqu'un d'autre que vous pourriez inviter ? Avez-vous oublié quelqu'un ? Pourquoi ne pas l'appeler maintenant ? Mieux vaut tard que jamais.»

Il arrive parfois qu'une hôtesse tente de reporter ou d'annuler sa réunion de vente. Certaines annulations sont inévitables et justifiées, par exemple si un enfant est malade. Mais certaines hôtesses manquent de courage ou d'énergie lorsqu'elles se heurtent à un problème et elles se dégonflent. Par exemple :

* Elles ont de la difficulté à réunir suffisamment de participantes et elles paniquent.
* Elles se sont découragées après avoir essuyé quelques refus.
* Des invitées qui avaient confirmé leur présence se sont désistées.

Cela peut être décourageant et votre hôtesse pourra choisir la voie de la facilité et tout annuler. Ne lui facilitez pas la tâche en ce sens. Vous avez déjà investi beaucoup de votre temps dans l'organisation de sa réunion et faites donc tout ce qui est en votre pouvoir pour qu'elle ait lieu. Voici ce que vous pouvez lui dire :

> « Ne vous inquiétez pas. Je vous ai réservé cette date, et pour être honnête, il est trop tard pour que je trouve une autre hôtesse. Nous irons donc de l'avant. Certaines de mes meilleures réceptions n'ont réuni que quelques participantes, mais voyons tout de même si vous avez oublié quelqu'un. »

> Ou :

> « Je suis désolée que vos amies ne puissent venir, mais il me sera impossible de trouver une autre hôtesse en si peu de temps. Donc, j'aimerais vraiment que nous découvrions une solution. Il n'est pas trop tard pour communiquer avec quelques amies que vous auriez pu oublier. »

« Rappelez-vous le plaisir que nous avons eu chez Véronique. Votre soirée sera également très agréable, quel que soit le nombre de participantes. »

Restez positive et mettez l'accent sur le plaisir. Il est fort probable que votre hôtesse ait uniquement besoin d'être rassurée. Il est inévitable que des invitées aient déjà des rendez-vous à la date prévue pour la réunion et que d'autres ne veuillent pas y assister. Certaines personnes ont parfois le sentiment qu'on les poussera à effectuer des achats, ou bien elles éprouvent des difficultés financières et souhaitent éviter toute tentation.

Vous ne voulez pas de participantes réticentes lors de vos soirées, mais les refus sont généralement attribuables au manque d'enthousiasme de l'hôtesse. En la conseillant sur l'approche à adopter et les mots à utiliser, vous l'aiderez à obtenir un fort taux de participation :

« Il n'est pas nécessaire que tu ailles au spa, car j'aurai chez moi tout ce dont tu as besoin pour te détendre. »

« Il y aura une démonstration culinaire et puis nous goûterons à tout. Miam. »

« J'ai rencontré la consultante lors d'une autre réunion et elle est charmante. Tout le monde s'est bien amusé. »

« Assure-toi de ne pas manquer ça. Il y aura quelques surprises. »

Concluez cet appel de parrainage en disant ceci à votre hôtesse : « Je suis vraiment impatiente d'assister à cette soirée. Vous faites un excellent travail. » Fixez ensuite la date et l'heure de votre prochain appel.

Éviter les annulations est préférable à devoir élaborer des plans de rechange à la dernière minute. Fixez la date des réunions le plus tôt possible. Moins il s'écoulera de temps entre la réservation et la soirée, mieux ce sera. Plus la date est éloignée, plus il y a de risques que l'hôtesse reporte la réunion ou l'annule.

SECRET DE SUPERSTAR

Si votre plan « B » échoue et que vous vous retrouvez avec une soirée vacante, ne le prenez pas comme une permission de rester à la maison, de regarder *Qui perd gagne* et de manger du gâteau au chocolat. Vous aviez envisagé de consacrer cette soirée à vos activités professionnelles ; mettez-la donc à profit et tentez de nouer des liens avec de nouveaux prospects.

Avec un peu d'ingéniosité, vous trouverez toujours quelqu'un à qui parler : la vendeuse de votre magasin préféré, la serveuse d'un restaurant de votre quartier, votre agent immobilier ou la personne qui s'entraîne à côté de vous au gymnase. Vous demandez-vous comment amorcer une conversation avec une inconnue ? C'est simple : amenez les gens à parler d'eux-mêmes et, bientôt, ce seront eux qui vous poseront des questions.

Si vous décidez de rester à la maison, fermez la porte à clé, glissez vos bracelets à votre poignet et soulevez le combiné du téléphone.

Fixez la date et l'heure de votre quatrième appel deux jours avant la réunion

Commencez en disant : « Nous y sommes presque ! Je suis aussi excitée que vous ! »

Si tout va bien, votre hôtesse a le vent dans les voiles. Mais si elle dit : « Il y a eu quelques désistements », rassurez-la : « Ne vous en faites pas. Comme il y aura moins de participantes, je pourrai consacrer davantage de temps à chacune d'entre elles.

Mais pourquoi ne les appelleriez-vous pas pour leur demander d'amener une amie ? Ou peut-être même une sœur ou une voisine avec qui elles pourront faire du covoiturage ? J'adore faire ainsi de nouvelles connaissances et j'apporterai un petit cadeau pour chaque invitée qui viendra accompagnée d'une amie. »

Secret de Superstar

Ne vous fiez pas entièrement à votre hôtesse. Faites vos propres appels de suivi. Cela ne prend que quelques minutes. Dites : « Bonjour, Chantal. C'est Jeanne, la consultante. Nathalie m'a invitée jeudi prochain. Je vous remercie d'avoir accepté son invitation et je suis impatiente de faire votre connaissance. Nous nous amuserons beaucoup. N'oubliez pas d'apporter votre carton d'invitation afin de pouvoir participer au tirage d'un cadeau spécial. »

Certaines invitées sont parfois habitées des meilleures intentions du monde, mais une fois qu'elles rentrent dans le confort de leur foyer après une longue journée de travail, elles se disent : *Est-ce que j'ai vraiment envie de sortir ce soir ?* Votre appel amical et l'évocation du tirage les inciteront probablement à faire un effort et à se déplacer.

Effectuez votre cinquième et dernier appel pendant l'après-midi précédant la réunion

Téléphonez à votre hôtesse et dites : « C'est Isabelle. Je voulais seulement vous rappeler que j'arriverai vers 18 h 30 pour vous aider à vous installer. »

Assurez-vous d'avoir le bon itinéraire pour vous rendre chez elle. Rappelez-lui de servir la collation à la fin de la réunion de manière à ne pas distraire ses invitées, et ce, dans la même pièce afin qu'elles ne s'éparpillent pas. Demandez-lui si elle a des questions et souhaitez-lui bonne chance.

Vous avez maintenant fait tout ce qui était en votre pouvoir pour que la soirée soit une réussite, pour votre hôtesse et pour vous. Il est maintenant temps d'en tirer le maximum concernant les réservations, le parrainage et les ventes.

Les sept étapes clés d'un bon programme de parrainage

1. Le parrainage n'a pas trait au succès d'une unique réunion de vente. Il porte plutôt sur l'établissement de relations à long terme. Efforcez-vous de tenir votre première séance de parrainage au domicile de votre hôtesse de manière à nouer plus rapidement des liens avec elle. Poursuivez par téléphone. Les mails sont excellents pour les mises au point et les échanges d'informations, mais sachez qu'ils ne seront pas une source d'excitation, d'inspiration et d'enthousiasme pour votre hôtesse.
2. Mettez l'accent sur les chiffres. Votre hôtesse s'intéressera à ce à quoi vous vous intéressez. Rappelez-lui d'inviter plus d'amies à cause des refus, des désistements et des oublis de dernière minute.
3. La communication est le secret du succès. Encouragez votre hôtesse à téléphoner trois fois à ses invitées :
   - Premier appel. Avant l'envoi des invitations, elle devrait leur dire : « J'aimerais vraiment que tu assistes à la réunion de vente que j'organise et c'est pourquoi tu es la première que j'appelle. Mais je t'enverrai aussi un carton d'invitation et tu auras tous les détails par écrit. »

- Deuxième appel. Après avoir envoyé les invitations, elle devrait rappeler ses amies et leur dire : « J'aimerais savoir si tu as bien reçu mon invitation. Pourras-tu être présente ? »
- Troisième appel. Entre 24 et 48 heures avant la tenue de la réunion de vente, elle devrait téléphoner à ses invitées et dire : « J'ai hâte de te voir. Nous allons bien nous amuser. » Un rappel téléphonique amical préviendra les défections de dernière minute.

4. Assurez-vous que votre hôtesse vous remette toujours sa liste d'invitées. Elle représente pour vous une mine d'or en ce qui a trait aux contacts, incluant les invitées qui ne se présenteront pas à la soirée.
5. Ne vous empêtrez pas dans les détails et ne donnez pas l'impression qu'il s'agit d'un travail pour votre hôtesse et vous. Les réunions de vente doivent avant tout être axées sur le plaisir.
6. Pensez « hôtesse pour la vie ». Vous ne manquerez jamais d'hôtesses si vous organisez toujours des soirées épatantes et si vous établissez une relation gratifiante avec elles.
7. Voyez une consultante éventuelle dans chacune de vos hôtesses, peu importe l'intérêt qu'elle manifeste à l'égard de votre entreprise. Vous ne voulez certainement pas être prise de court si elle change d'idée.

Des lettres types

Ces lettres types faciliteront votre correspondance avec vos hôtesses. Tout en y présentant d'importants détails, tels que la façon d'afficher la date de leurs réunions en ligne et d'effectuer des dépôts, vous devez toujours adopter un ton enjoué.

Voici un exemple de lettre de confirmation :

> Bonjour Catherine,
>
> Merci d'avoir accepté d'animer une réunion de vente. J'ai hâte de travailler avec toi et de faire de cette soirée un grand succès !
>
> Voici les détails :
>
> Date : 25 août
>
> Début : 19 h
>
> Fin : 20 h 30
>
> Adresse : 8, rue D'Irlande, Zac Joseph Else Heiden
>
> 68310 Wittelsheim, France
>
> Téléphone : 03.89.51.31.40
>
> Mail : contact@libreentreprise.com
>
> Nombre d'invitées ciblé : 10 !
>
> Plus tu réuniras d'amies, plus tu auras de produits gratuits. Invite donc 25 personnes, car il faut tenir compte de celles qui ont un autre rendez-vous et de celles qui ne se présenteront pas à la date convenue.
>
> Je te verrai [ou t'appellerai] jeudi à 10 h pour te donner quelques conseils. D'ici là, si tu as des questions, n'hésite pas à communiquer avec moi.
>
> Je suis impatiente de faire la connaissance de tes amies et de passer un bon moment avec vous toutes.
>
> Sylvie Wattier
>
> [insérez vos coordonnées]

Et voici maintenant un exemple de lettre de remerciement que vous enverrez à vos hôtesses après la réunion :

Chère Catherine,

Ta soirée a été géniale ! Merci d'être une si merveilleuse hôtesse.

Tes ventes s'élèvent à [XXX] € et tu pourras donc choisir des produits d'une valeur totale de [XXX] €.

Et étant donné que Monique et Martine ont décidé d'animer une réunion, tu reçois également deux produits à moitié prix. Bravo !

Voici les détails concernant la livraison finale : [XXX XXX].

Et ceux concernant ton paiement final : [XXX XXX].

Je sais que tes amies seront ravies de leurs achats et j'espère que tu accepteras d'animer une autre soirée bientôt. Entre-temps, je te souhaite la bienvenue dans mon Club d'hôtesses VIP. Je te tiendrai au courant des invitations et des offres excitantes que ma société propose.

Encore merci,

Sylvie

[insérez vos coordonnées]

TROISIÈME PARTIE

Que la fête commence !

CHAPITRE 9

Préparez la scène

Les réunions de vente réussies ne sont pas attribuables au hasard. Vous devez assurer cette réussite et voici mon meilleur conseil pour y arriver : visez haut !

Fixez-vous des objectifs clairs pour chaque réunion. Si vous pensez en fonction des ventes, vous obtiendrez des ventes. Si vous pensez aux ventes et aux réservations, vous obtiendrez des ventes et des réservations. Et si vous visez les ventes, les réservations et le recrutement, il y a de fortes chances que vous décrochiez le tiercé gagnant sur ces trois points.

Visualisez la réunion parfaite. Les miennes ressemblent à ceci :

- 10 invitées ;
- 500 € de ventes ;
- 2 réservations ;
- Une nouvelle recrue.

Pensez « 10-5-2-1 » et imaginez comment votre entreprise prospérera si vous atteignez toujours cet objectif. Mais bien entendu, vos résultats varieront. Toute entreprise connaît des hauts et des bas. Mais une chose est certaine : plus vous viserez haut, meilleurs seront vos résultats.

Préparez votre matériel de manière à pouvoir vous installer rapidement. Si vous vous êtes rendue à la résidence de votre hôtesse pendant vos activités de parrainage, vous saurez de quel espace vous disposez et vous connaîtrez les défis que vous devrez relever.

Meilleurs sont vos outils, plus facile sera votre travail. Les outils que j'utilise sont simples et peu coûteux. Utilisez les mêmes et vous augmenterez vos chances d'atteindre vos buts en ce qui a trait aux ventes, aux réservations et au recrutement :

- Un calendrier d'événements sur lequel vous aurez indiqué les dates où vous êtes disponible afin de faciliter la tâche à vos hôtesses éventuelles. Marquez les dates que vous préférez avec des autocollants de couleur vive.
- Deux stylos pour chaque invitée, de couleurs différentes, afin qu'elles puissent cocher les produits qu'elles veulent acheter ce soir-là et ceux qu'elles s'offriront « peut-être » ou « la prochaine fois ». Les couleurs contrastantes vous aideront à déterminer qui en souhaite davantage que ne le lui permet son budget. Vous pourrez alors suggérer à ces invitées d'organiser leur propre réunion de vente.
- Des doubles des autocollants que vous avez apposés sur les cartons d'invitation, ou encore des billets numérotés pour le tirage d'un cadeau.
- Des directives et du matériel pour les jeux que vous animerez afin d'identifier des hôtesses éventuelles.

* Une sélection de produits joliment emballés que vous offrirez en cadeau. Placez-les dans un panier que vous sortirez en temps opportun.
* Trois beaux sacs-cadeaux. Non seulement attireront-ils l'attention des invitées, mais leur jolie présentation fera en sorte que les hôtesses ne les oublieront pas aussitôt après les avoir rapportés chez elles. Plus elles tarderont à appeler leurs amies, plus il est probable que quelqu'un sur qui elles comptaient aura d'autres projets.
* Trois grands sacs-cadeaux renfermant de la documentation sur votre société et recouverts de papier de soie. Leur grande taille enverra un message visuel et indiquera aux invitées que votre occasion d'affaires ne se limite pas à des réservations. Ces sacs vous rappelleront également de parler de votre entreprise tout au long de votre présentation.
* Un badge pour chaque invitée afin que vous puissiez les appeler par leur prénom.
* Un bon de commande pour chaque invitée sur lequel vous aurez surligné des articles précis ou vos recommandations.
* Des fiches que les invitées rempliront. Elles représentent une mine d'or pour vous. Vous pouvez en imprimer quatre par page et y inscrire toutes les informations dont vous avez besoin :

  Nom :
  Numéro de portable :
  Numéro de téléphone à la maison :
  Meilleur moment pour appeler (matinée/après-midi/soirée/week-end) :
  Adresse électronique :

Date d'anniversaire :
Produits qui m'intéressent (pas de limite) :

- Nouveaux produits ;
- Soldes et promotions ;
- Grossir les rangs du Club de clientes VIP ;
- Devenir hôtesse ;
- Une consultation personnelle ;
- Organiser une activité de collecte de fonds ;
- Recevoir un bulletin d'information gratuit ;
- En apprendre davantage sur l'occasion d'affaires.

* Une montre qui vous permettra de commencer et de terminer la réunion à l'heure prévue. Non seulement est-ce courtois, mais chaque minute de trop vous coûtera argent et clientèle. Si les invitées regardent leur montre au lieu d'écouter ce que vous dites, ou si elles se ruent vers la sortie au lieu de passer une commande, vous êtes perdante. Si la réunion commence en retard, abrégez-la. Il n'est jamais bon d'en faire trop.

* Une liste de prospects. Soyez toujours à l'affût de consultantes éventuelles. Apprenez à les repérer en lisant mon ouvrage intitulé *Be a Recruiting Superstar*. Voici à quoi devrait ressembler cette liste :

  - Mamans ;
  - Professeurs ;
  - Meneuses de claques ;
  - Chanteurs ;
  - Artistes ;
  - Infirmières ;

- Anciennes distributrices indépendantes ;
- Personnes qui ont besoin d'argent ;
- Personnes qui occupent un emploi insatisfaisant ;
- Personnes qui utilisent ou portent des produits similaires aux vôtres ;
- Agents immobiliers ;
- Propriétaires d'entreprises ;
- Personnes qui caressent de grands rêves.

SECRET DE SUPERSTAR

Les badges s'avéreront des outils de vente deux fois plus efficaces si vous demandez aux invitées d'inscrire des informations personnelles sous leur nom :

* Si vous vendez des batteries de cuisine, demandez-leur d'inscrire leur aliment préféré (ou un aliment qu'elle déteste). Vous pourrez en faire un sujet de discussion amusant.
* Si vous vendez des livres, des jeux ou des jouets, demandez-leur d'inscrire le prénom et l'âge de leurs enfants. Vous saurez ainsi à qui proposer vos produits.
* Si vous vendez des produits de beauté, demandez-leur d'inscrire un produit sans lequel elles ne pourraient vivre de manière à pouvoir leur proposer d'essayer un produit similaire.
* Si vous vendez des bougies ou des parfums d'ambiance, demandez-leur d'inscrire leur odeur préférée afin de pouvoir la mentionner pendant votre présentation.

La meilleure façon de repérer les meilleurs prospects est de poser des questions directes :

« Y a-t-il des institutrices parmi vous ? »

« Qui a des enfants ? »

> **SECRET DE SUPERSTAR**
>
> N'apportez que le strict nécessaire lorsque vous vous rendez chez une hôtesse. Placez vos outils, produits et documents dans un fourre-tout à roulettes (ou deux) et présentez-vous à la réunion en adoptant une allure professionnelle.

La première chose que feront les invitées à leur arrivée sera d'examiner votre étalage de produits. Sachez donc les surprendre.

- Couvrez la table d'une nappe de couleur claire légèrement lustrée qui mettra en valeur vos produits. Choisissez une nappe noire si vous voulez créer un effet plus spectaculaire.
- Placez sous la nappe les boîtes d'origine des produits afin de les présenter à des hauteurs et des angles différents, ou utilisez des blocs en polystyrène.
- Vos produits attireront l'attention des invitées, mais votre but est de générer des réservations et de recruter des consultantes. Placez donc vos sacs de documentation et vos sacs-cadeaux en premier, et ensuite vos produits autour d'eux.
- Placez vos produits meilleurs vendeurs aux deux extrémités de la table de manière à ce que les

participantes ne se rassemblent pas toutes au même endroit.

* Regroupez les produits par gamme.

* Attirez l'attention sur les articles nouveaux, très en vogue ou qui passent souvent inaperçus en plaçant devant eux un petit carton sur lequel vous aurez inscrit « mon choix du mois » ou « nouveau produit ».

* Si vous voulez présenter votre kit de démarrage, placez-le sur une autre table. Une option plus simple consiste à le montrer sur des photos laminées.

* Donnez un thème à votre étalage : fête des Mères, fête des Pères. Saint-Valentin, Pâques, 5 mai, 4 juillet, Halloween, Kwanzaa, Diwali, Action de grâces, Hanukkah, Noël, printemps, été, hiver et automne, mais n'abusez pas des accessoires. Mettez l'accent sur vos produits, les réservations et votre occasion d'affaires.

* Veillez à ce que votre étalage soit bien éclairé. Une lumière douce mettra en valeur la lueur scintillante des bougies, la lueur des bougies créera une ambiance autour des produits pour le corps et des projecteurs feront étinceler les bijoux. Si vous gardez un projecteur et une rallonge électrique dans votre voiture, n'hésitez pas à vous en servir au besoin. Les ampoules halogènes sont préférables, car elles projettent une vive lumière blanche.

En règle générale, il ne faut pas en faire trop. Espacez vos produits. J'ai assisté à des réunions où la table débordait de produits et où des articles étaient empilés sur le sol et sur toutes les surfaces disponibles. Je peux vous dire une chose : l'encombrement crée la confusion. Donnez trop de choix à vos invitées et elles pourraient bien ne rien choisir.

Pensez à la tactique des magasins haut de gamme qui présentent ingénieusement quelques produits choisis pour livrer un message d'exclusivité. Comparez cette approche à celle des marchands de bric-à-brac et vous comprendrez.

Si vous avez besoin de miroirs, rendez-les bien accessibles afin d'encourager les invitées à ne pas s'éloigner. Si elles partent à la recherche d'une glace pour pouvoir se regarder, vous perdrez la dynamique de groupe qui donne sa magie aux réunions de vente. Voici un conseil : des miroirs sans cadre ne feront pas concurrence à vos produits en attirant sur eux toute l'attention.

Plus vous titillerez les sens de vos invitées, meilleure sera l'ambiance que vous créerez :

* Mettez de la musique correspondant au thème que vous avez choisi.
* Chatouillez les papilles des invitées avec l'arôme de biscuits fraîchement sortis du four lors de réunions gourmandes.
* Allumez des bougies parfumées pour détendre les participantes lors de la vente de produits pour le corps.

Secret de Superstar

Si vos produits s'y prêtent, offrez une expérience sensorielle à vos invitées au moment de leur arrivée : une touche de crème hydratante pour les mains, un jet de parfum sur le poignet, une délicieuse bouchée à goûter.

Surlignez ce produit sur le bon de commande et souvenez-vous d'en parler pendant votre présentation.

> Vous pouvez même profiter de l'occasion pour repérer un prospect intéressant :
>
> « Qui peut dire quel est le parfum de cette crème pour les mains ? »
>
> « Qui peut nommer l'épice qui assaisonnait le hors-d'œuvre que je vous ai offert ? »
>
> Félicitez les invitées qui vous donnent la bonne réponse et n'oubliez pas de faire référence à leur talent lorsque vous leur demanderez de se joindre à votre entreprise :
>
> « Vous avez un odorat très développé. »
>
> « Vos papilles gustatives sont très fines. »

N'étalez pas l'ensemble de vos produits. Les surprises sont un excellent moyen d'attirer l'attention. Gardez donc quelques articles en réserve et ne les sortez qu'en temps opportun : nouveaux produits, promotions ou primes qui encourageront les invitées à commander davantage. Vous pourrez leur dire ensuite :

« Oups ! J'ai presque oublié. Si votre commande d'aujourd'hui totalise 80 €, vous recevrez cet ensemble de bougies tout à fait gratuitement ! Cette offre est valide jusqu'à épuisement des stocks. »

N'oubliez jamais que votre étalage le plus visible, c'est… vous ! Veillez donc à être une publicité vivante et faites la promotion de votre entreprise. N'utilisez ni ne portez jamais un produit démodé, même si vous l'aimez beaucoup. Il ne convient *jamais* de dire aux invitées : « C'est l'un de mes produits favoris, mais nous n'en vendons plus ».

Avant de quitter la maison

Le jour de la réunion, ne laissez rien au hasard. Demandez à votre hôtesse comment vous rendre chez elle et programmez votre GPS ou imprimez l'itinéraire. J'ai toutefois appris à ne pas m'y fier entièrement. Des rues à sens unique, des barrages routiers, des noms de rue cachés, des espaces de stationnement réservés aux résidents du quartier – j'ai vu de tout et généralement lorsque je m'attendais le moins à un trajet mouvementé.

Chargez votre voiture au moins deux heures avant votre départ au cas où vous devriez, à la dernière minute, régler un problème familial ou répondre au téléphone.

Secret de Superstar

Si vous avez des enfants, les faire participer à vos préparatifs est un excellent moyen de leur enseigner que votre travail est une entreprise familiale.

L'une de mes consultantes préférées a une carte de crédit de Disney qu'elle montre à ses enfants en leur disant : « Maman va gagner de l'argent et nous partirons en vacances. » Ses enfants s'empressent alors de l'aider à charger sa voiture.

Un autre qualifie ses réceptions de « soirées de papa ». Des repas spéciaux, des jeux, des histoires et des privilèges sont strictement réservés pour ces soirées !

Avec un petit effort, vous pouvez donner une petite touche originale à n'importe quoi si vous vous y prenez d'avance. Lorsque votre famille est heureuse, vous n'avez aucun regret à l'idée de vous absenter.

Que vous travailliez à la maison ou à l'extérieur, laissez votre emploi habituel derrière vous de manière à pouvoir vous concentrer sur votre entreprise. Considérez la durée du trajet comme une occasion de vous transformer en la femme d'affaires détendue, confiante et prospère que vous êtes.

Les deux heures qui vont suivre seront remplies de merveilleuses possibilités. Vous êtes sur le point de faire la connaissance de votre prochaine consultante, de deux nouvelles hôtesses et d'un nouveau groupe de clientes fidèles. Vous pourriez même rencontrer votre prochaine chef d'équipe, manager ou directrice.

Répétez-vous quels sont vos buts jusqu'à ce qu'ils soient gravés dans votre esprit : « Une nouvelle recrue, deux réservations et 500 € de ventes… Une nouvelle recrue, deux réservations et 500 € de ventes. »

Goûtez le silence, écoutez de la musique entraînante, une audiocassette ou un CD de motivation, ou répétez votre présentation – mais assurez-vous de vous mettre physiquement et mentalement dans l'ambiance du travail de vos rêves – la présentation de vos produits et de votre occasion d'affaires devant une pièce remplie de nouveaux prospects.

Arrivez 30 minutes avant le début de la réunion, mais ne surprenez pas votre hôtesse avant qu'elle soit prête. Si vous arrivez trop tôt, vous perturberez n'importe quelle hôtesse. Peu importe votre niveau de stress, les retards imprévus à la maison ou la densité de la circulation, respirez profondément et entrez chez votre hôtesse comme si vous n'aviez aucun souci.

Il ne fait aucun doute que votre hôtesse a eu elle aussi son lot de défis à relever. Amorcer la conversation sur une note sombre ne donnera pas le ton approprié à votre réunion qui doit plutôt se démarquer comme une pause bienvenue dans la réalité quotidienne. Si vous avez besoin de vous épancher sur des détails inattendus, faites-le dans votre blogue. Votre attitude, votre voix et vos gestes doivent démontrer que vous occupez le meilleur emploi du monde.

Installez-vous rapidement. Vous n'encouragerez pas votre hôtesse à devenir consultante si vous donnez l'impression que votre étalage nécessite de grandes connaissances en design. N'oubliez pas de demander la permission avant de déplacer des objets ou des meubles, d'ajuster l'éclairage et de mettre de la musique qui enveloppera les invitées dès leur arrivée.

Coachez votre hôtesse avant le début de la réunion

Envisagez de passer un moment avec votre hôtesse avant l'arrivée des invitées. La liste des produits qu'elle souhaite gagner constitue également votre objectif. Vous aurez judicieusement apporté les produits qu'elle a choisis de manière à ce qu'elle se sente à mi-chemin de les posséder.

Mais n'hésitez pas à proposer également d'autres produits. Sa liste n'est pas coulée dans le béton. Invitez-la à choisir d'autres articles parmi ceux qui composent votre étalage. Elle pourrait ne plus avoir le temps de le faire après l'arrivée de ses invitées, car elle sera alors occupée à jouer son rôle d'hôtesse.

Posez des questions aux invitées de manière à repérer vos meilleurs prospects :

- « Avez-vous assisté à une réunion de vente récemment ? Qui était l'hôtesse ? »
- « Connaissez-vous quelqu'un qui serait une bonne hôtesse ? »
- « D'après vous, qui serait la meilleure hôtesse ? Pourquoi ? »
- « Qui, parmi vos amies, est la plus sociable ? »
- « De toutes vos amies, qui ferait la meilleure consultante ? Pourquoi ? »
- « Connaissez-vous quelqu'un qui cherche du travail ? »

* « Avez-vous des amies qui ont déjà été vendeuses indépendantes ? »

Dès l'arrivée des premières invitées, veillez à ce qu'elles se sentent les bienvenues, mais vous devrez aussi continuer à vous occuper de votre hôtesse tout au long de la soirée. Elle mérite de se sentir spéciale et vous montrerez ainsi à ses amies comment elles seront traitées si elles acceptent à leur tour d'animer une réunion de vente.

CHAPITRE 10

Donnez du panache à vos soirées

Les invitées vont ont donné de leur temps, mais vous devrez gagner tout le reste. Offrez-leur une soirée médiocre et vous obtiendrez des résultats médiocres. Si vous voulez des résultats spectaculaires, vous devez offrir une soirée spectaculaire.

Qu'est-ce qui fait qu'une soirée est spectaculaire ? Elle a du PANACHE !

« P » pour Prendre contact

Les relations sociales et le *shopping* font très bon ménage. Qu'il s'agisse d'une rencontre entre copines autour de la piscine, d'un atelier de *scrapbooking* entre mères de famille ou d'une dégustation de vins entre couples, les réunions de vente sont avant tout des événements mondains.

Ne vous isolez pas du groupe ou ne vous précipitez pas pour commencer votre présentation. Pensez : *Comment aimerais-je que la consultante se comporte si j'étais l'hôtesse* ? Et vous saurez exactement quoi faire. Si vous êtes à l'aise dans la maison de votre hôtesse, tout le monde sera plus détendu.

Nous faisons des affaires avec des gens que nous connaissons et aimons. Donnez aux invitées l'occasion de vous connaître et de vous aimer. Même la présentation la plus rondement menée tombera à plat si vous n'établissez pas un contact sur le plan personnel avec les participantes.

« A » pour Amusement

Ne tentez pas de tout régenter. Favorisez la participation et l'interaction. Jouez à des jeux. Posez des questions intéressantes et encouragez les participantes à offrir de la rétroaction. Ne les inondez pas d'informations. Efforcez-vous de faire de cette soirée une pause amusante pour briser la routine ou terminer en beauté une journée stressante.

« N » pour Nouer des liens

Nouez des liens pour développer votre entreprise. Faites tout ce qui est en votre pouvoir pour établir des relations qui se solderont par des commandes régulières, des réservations, des recommandations et des recrues :

- Passez du temps de qualité avec chaque invitée.
- Montrez de l'intérêt pour sa vie.
- Soyez courtoise et respectueuse.
- Faites en sorte qu'elle se sente exclusive.
- Effectuez suivi après suivi.

« A » pour Action

Les invitées prendront une décision en toute connaissance de cause. Elles choisiront :

* D'acheter vos produits.
* D'animer une soirée de vente.
* De devenir membre de votre équipe.
* Tout ce qui précède.
* Rien de ce qui précède.

Votre tâche consiste à leur donner envie de commander vos produits, d'animer des réunions et de se rallier à votre équipe. Si vous n'obtenez pas les résultats voulus, modifiez votre plan de match.

« C » pour Créez un divertissement

Les réunions de vente sont un spectacle. Vous bénéficiez d'un auditoire captif, mais vous devez rendre votre soirée divertissante si vous voulez le garder captivé.

« H » pour Heures de découverte

À moins d'apprendre quelque chose de nouveau aux invitées, vous ne devriez pas ouvrir la bouche. Abordez toutes vos réunions de vente sous un angle nouveau et excitant, de manière à ce qu'elles soient toujours originales et intéressantes.

Vos réunions doivent également être faciles à imiter pour que les membres de votre équipe puissent suivre le mouvement. Il importe cependant que vous fassiez un petit effort supplémentaire pour étayer le contenu du manuel de votre société par des informations glanées sur Internet et dans des magazines et, ainsi, lui donner plus de punch.

« E » pour Être charmante

Faites de votre réunion le clou de la journée de vos invitées :

* Montrez-vous généreuse en offrant des cadeaux et des prix de présence.
* Exprimez votre appréciation autant pour les grosses commandes que pour les petites.
* Soyez prévenante. Gardez quelques articles populaires dans votre voiture et si une invitée est incapable d'attendre le moment de la livraison, dites-lui : « Vous avez de la chance. J'ai ce produit dans ma voiture. » Si vous ne l'avez pas, faites-lui cette proposition : « Je peux vous l'apporter chez vous [ou le faire livrer] demain. »
* Faites des compliments à votre hôtesse :

  « C'est chaleureux chez vous. »

  « Je suis vraiment heureuse d'avoir fait votre connaissance. »

  « Votre soirée est de loin la meilleure du mois. »

  « Je suis impressionnée par vos talents d'organisatrice. »

  « Merci d'avoir aplani toutes les difficultés et atteint votre objectif de 10 invitées. »

Secret de Superstar

À mes débuts dans l'industrie du « party plan », je vendais des produits de beauté et j'ai vite appris que la meilleure façon d'amener mes invitées à devenir hôtesses et à acheter mes produits était de miser sur la fascination qu'elles nourrissent pour elles-mêmes.

LES SEPT PÉCHÉS DES SOINS DE LA PEAU

En soulignant les sept principales causes du vieillissement, j'ai convaincu de nombreuses participantes d'entreprendre un rigoureux programme de soins de la peau et mes ventes ont augmenté.

AVEZ-VOUS UN VISAGE DE MANNEQUIN ?

En enseignant à mes invitées à mesurer la structure osseuse de leur visage et à la comparer aux supposés canons de beauté, mes produits accentuant les contours et la forme sont devenus très populaires.

MISE EN VALEUR DES COULEURS OU DES TEINTES QUI DÉTONNENT ?

J'adorais aider mes invitées à choisir des couleurs qui rehaussaient leur teint. Lorsqu'elles constataient la différence qu'une teinte pouvait faire, elles s'empressaient de commander toute la gamme de cette nouvelle palette.

À CHACUNE SA PERSONNALITÉ

En aidant mes invitées à définir leur personnalité en matière de beauté (j'avais créé diverses catégories : sportive, qui a du piquant, branchée, romantique, naturelle, pragmatique, stylée, glamour et chic), je leur ai donné envie d'un nouveau look et de nouveaux produits – les miens !

En donnant le goût à mes invitées d'en apprendre davantage, je les incitais plus facilement à accepter de devenir hôtesses. En ne mettant l'accent que sur un seul sujet par réunion et en promettant d'en aborder un autre pendant leur propre soirée, je générais des réservations.

Lors d'une réception, j'ai fait la connaissance de la directrice de la rédaction d'un journal local et elle a écrit un article sur mes activités professionnelles. Cela s'est soldé par de la publicité dans un journal national et on m'a offert de rédiger une rubrique trucs et astuces et, plus tard, de devenir directrice éditoriale de la section beauté d'un grand magazine féminin. Cela a été un moment décisif dans ma vie.

> Les petites idées peuvent parfois donner lieu à de grands développements pour votre entreprise. Si vous êtes capable de vous lever et de parler devant vos pairs, il n'y a pas de limites à ce que vous pouvez accomplir. La seule façon d'être certaine que rien ne se passera est de ne rien faire pour vous démarquer.

Vos invitées méritent plus qu'une présentatrice sur pilote automatique. Laissez briller votre personnalité par le biais de vos paroles et de vos gestes. Parsemez votre présentation de remarques humoristiques, racontez des histoires et des anecdotes intéressantes, et encouragez vos invitées à faire de même. Si vos invitées semblent agitées, dissipées ou distraites, il est fort probable que vous les ennuyiez et vous n'arriverez pas à leur donner envie d'acheter vos produits, de devenir hôtesses ou d'adhérer à votre entreprise.

Lorsque vos soirées ont du PANACHE, vos ventes, vos réservations et votre occasion d'affaires connaissent un essor fulgurant.

CHAPITRE 11

Avancez sous les projecteurs

Les réunions de vente sont comme des jours de paie, mais vous devrez travailler fermement et intelligemment pour toucher le gros lot.

Les ventes représentent vos profits immédiats, les réservations équivalent à vos profits futurs et vos recrues pourraient bien représenter des profits jusqu'à la fin de vos jours. Gardez tout cela à l'esprit de l'arrivée de la première invitée jusqu'au départ de la dernière.

Il ne suffit pas de penser affaires, réservations et ventes et de faire des présentations en ce sens. Il faut savoir en parler de façon pertinente.

Si vous donnez toute la place aux ventes pendant vos réceptions, vous n'élèverez jamais votre entreprise au-dessus du niveau de récompenses minimal. Vous devez veiller à imbriquer les trois composantes dans votre soirée. Si vous êtes aussi intéressée qu'intéressante, les gens vous écouteront.

Laissez la fête et les sacs-cadeaux agir comme rappels de vos buts et servez-vous-en pour mesurer vos progrès. À la fin de la réunion de vente, vos six sacs-cadeaux devraient se trouver entre les mains de vos meilleurs prospects.

Chaque réunion de vente vous offre quatre occasions de faire opérer la magie :

1. L'accueil des invitées ;
2. La présentation ;
3. La conclusion ;
4. Les tête-à-tête.

Je traiterai des deux premiers points dans ce chapitre. Dans le chapitre 12, vous apprendrez à conclure une présentation, et dans le chapitre 13, vous découvrirez comment tirer le meilleur parti des conversations privées.

L'accueil des invitées

Consacrez au moins 15 minutes à l'accueil des invitées. Profitez-en pour mieux les connaître et vous faire connaître. Présentez-vous dès leur arrivée et remerciez-les d'avoir accepté l'invitation de l'hôtesse. Offrez-leur un badge, des stylos et de la documentation. Invitez-les à admirer votre étalage. Ensuite, détendez-vous et profitez de leur compagnie.

Commencez immédiatement à repérer des prospects. Qui brille par sa présence ? Qui est la plus intéressée ? Qui est la plus intéressante ? Qui a des enfants ? Qui porte ou utilise vos produits ? Qui ferait une bonne hôtesse ?

Vous apprendrez à mieux les connaître en leur posant des questions :

« Où avez-vous rencontré Marie ? »

« Qu'est-ce qui vous a convaincue d'assister à cette réunion ? »

« Avez-vous des enfants ? »

« Avez-vous assisté à d'autres réunions de vente récemment ? »

Si vous commencez votre présentation trop tôt, vous parlerez à des étrangères et vous priverez les invitées de l'occasion de bavarder entre elles et de jeter un coup d'œil furtif sur votre étalage. Ce moment réservé à l'accueil permet également aux retardataires de se glisser dans l'assistance et, ainsi, de ne pas interrompre votre présentation.

La présentation

Vous avancez sous les projecteurs lorsque vous faites la présentation de vos produits. Un spectacle en direct ne permet pas de nouvelles prises. Passez donc à la vitesse supérieure et offrez la meilleure des performances.

Au cours de votre présentation, ne perdez pas de vue la destination vers laquelle vous entraînez les participantes : vous entreprenez avec elles un voyage qui vous conduira à des relations professionnelles, des réservations et des commandes. Respectez une structure de base de manière à ne pas dévier de votre trajectoire alors que vous présentez vos jeux, vos outils, vos questions, vos histoires et votre pub. Toutefois, soyez tout de même prête à vous adapter en fonction des champs d'intérêt de votre auditoire.

SECRET DE SUPERSTAR

Utilisez un calepin dans lequel vous aurez noté vos histoires, vos jeux, vos anecdotes et vos questions. Lorsque vous trouvez de meilleurs moyens de présenter vos produits, de générer des réservations et de présenter votre occasion d'affaires, prenez-en note. Feuilletez ce calepin avant chaque réunion de vente et déterminez ce que vous utiliserez pendant la soirée.

Demandez à votre hôtesse de vous présenter à ses invitées. Elle n'aura qu'à leur dire : « Bonsoir à toutes. Commençons maintenant. Je tiens à vous remercier d'être venues et je vous présente Nathalie, notre consultante. » N'ayant pas à attirer vous-même l'attention des participantes, vous pourrez vous concentrer et faire une bonne première impression.

Le début de la réunion ne se prête pas à une conférence de cinq minutes portant sur l'histoire de votre société et sur la vision de ses fondateurs. Si votre introduction est monotone, vous détruirez l'ambiance plus rapidement que si vous creviez un ballon. Le début de la réunion est plutôt le moment d'éblouir les invitées afin qu'elles pensent : *La soirée sera fantastique. Je suis contente d'être venue.*

Je vous suggère de leur dire : « Bonsoir. Merci d'être là. Je suis très heureuse que vous ayez pu venir et je suis impatiente de vous faire découvrir nos merveilleux produits. Mais tout d'abord, remercions Marie de nous avoir invitées chez elle. »

En disant « remercions Marie de nous avoir invitées chez elle », vous vous comptez parmi le groupe d'invitées – vous n'êtes pas une étrangère.

Offrez à votre hôtesse un cadeau joliment emballé. Ce sera votre première pub visant à susciter des réservations. Vous voudrez peut-être ajouter ce qui suit : « Vous allez adorer ce petit cadeau. Je connais des femmes qui ont décidé d'animer une soirée uniquement pour obtenir cette récompense. »

Ou vous pourriez leur déclarer : « C'est un cadeau que je réserve exclusivement à mes hôtesses. Donc, ne cherchez pas ce produit sur le bon de commande. Seules les hôtesses peuvent l'avoir. »

Si le cadeau que votre société remet n'est pas particulièrement attrayant, vous pouvez offrir autre chose ou laisser l'emballage opérer sa magie. La reconnaissance a plus de valeur que le cadeau lui-même.

Commencez sur une note positive en vous montrant généreuse dès le début de la réunion. Dites : « Qui aura de la chance ce soir ? Avez-vous pensé à apporter votre carton d'invitation ? C'est merveilleux, car nous allons bientôt connaître le nom de la première gagnante. Si l'autocollant qui se trouve sur votre carton d'invitation correspond à celui que je vais tirer de cette enveloppe, vous gagnez ! Seules les invitées qui sont présentes peuvent gagner. Donc, s'il n'y a pas de correspondance, je ferai un autre tirage. »

Alors que l'invitée gagnante choisit son cadeau, dites aux participantes : « Ce qui est particulièrement intéressant pour une hôtesse, c'est de savoir que ses amies gagneront des produits gratuits. Et aussi, elle profite aussi de son propre accès à des produits gratuits comme récompense. »

Montrez vos sacs-cadeaux et dites : « Vous aimez faire du shopping ? Tout ce dont vous avez besoin pour recevoir des produits gratuits se trouve dans ces sacs. Je vous en parlerai davantage un peu plus tard. Entre-temps, si vous songez déjà à devenir hôtesse, assurez-vous que votre nom est inscrit sur l'un de ces sacs. »

Sortez votre calendrier d'événements et dites : « Toutes les dates disponibles sont inscrites sur ce calendrier. Pour devenir hôtesse, il suffit que vous en réserviez une qui vous convient. »

Attirez l'attention des participantes sur vos dates-vedettes en leur disant : « Vous remarquerez que certaines dates sont marquées d'une étoile. Cela signifie que la participante qui choisira l'une de ces dates recevra un cadeau supplémentaire. Mais il n'y en a pas beaucoup et vous devrez donc vous décider rapidement, car la première personne à réserver l'une de ces dates recevra un autre cadeau. »

Si vous préférez ne pas inscrire de dates-vedettes sur votre calendrier, dites : « Si vous réservez une date avant que je vous le demande, vous obtiendrez ce cadeau. »

Montrez-le aux invitées en tendant votre calendrier à l'invitée la plus proche afin qu'elle choisisse une date ou le fasse circuler.

SECRET DE SUPERSTAR

Pour davantage d'idées sur la façon de varier vos pubs visant à générer des réservations, voir le chapitre 5 : « Un calendrier d'événements bien rempli ».

Prenez deux stylos et dites-leur : « Vous vous demandez peut-être pourquoi je vous ai donné deux stylos. Utilisez le bleu pour cocher les produits qui vous intéressent le plus, et le vert pour cocher les produits qui pourraient éventuellement vous intéresser ou dont le coût dépasse le budget que vous aviez prévu. J'aurai une bonne nouvelle à vous annoncer à ce propos un peu plus tard. »

« Est-ce que tout le monde a un bon de commande ? Vous remarquerez que certains produits sont surlignés. Ce sont ceux dont je vous parlerai ce soir [les plus populaires, les promotions du mois, mes recommandations personnelles]. »

Le moment est alors propice à un jeu qui vous permettra de préciser les meilleurs prospects. Au chapitre 15, « Il est payant de jouer », je propose une foule de jeux, dont l'incontournable « Brise-glace » (page 211).

Mettez un cadeau dans l'un de vos sacs et félicitez la gagnante en lui disant : « Bravo, vous gagnez [cette superbe crème pour les mains], ainsi que tout ce que vous devez savoir pour créer votre propre entreprise de vente directe ! »

Sortez vos fiches d'information personnelles et dites : « J'ai encore beaucoup de cadeaux à distribuer. Assurez-vous de remplir ces fiches si vous voulez participer au prochain tirage. »

Parlez-leur ensuite de votre cheminement personnel dans l'industrie du « party plan » en limitant votre intervention à une minute. On peut en dire beaucoup en 60 secondes si l'on choisit bien ses mots :

« Y en a-t-il parmi vous qui ont déjà rêvé de posséder leur propre entreprise ? C'était mon cas, mais je croyais que ça ne serait jamais possible. Je pensais que ça exigerait un trop gros investissement et j'étais nerveuse à l'idée que ça ne fonctionne pas. Et puis ma meilleure amie a commencé à vendre ces merveilleux produits pour le corps et j'ai agi comme hôtesse pour elle.

« Mais je ne songeais pas encore à devenir membre de sa société. Ce n'est que lorsqu'elle m'a téléphoné pour m'apprendre qu'elle avait gagné une croisière que j'ai pensé : *C'est un travail pour moi*. Cela s'est passé il y a un peu plus d'un an et je travaille maintenant pour gagner une croisière aux Bahamas. Mais plus important encore, j'ai concrétisé mon rêve et je suis maintenant à la tête de ma propre entreprise.

« Donc, si votre chèque de paie ne vous permet pas de vivre vos rêves, apportez cette documentation chez vous et découvrez comment vous pourrez vous joindre à moi lors d'une prochaine croisière. »

Ou dites :

« Je me suis lancée en affaires lorsque mes enfants étaient très jeunes. J'adore être une maman, mais j'aime aussi travailler. J'ai été la première de mon groupe d'amies à fonder une famille et je me rappelle qu'elles parlaient d'un livre qu'elles avaient toutes lu. J'avais alors pensé : *Le seul livre que j'ai lu au cours des six derniers mois est* La chenille qui fait des trous. Je me suis sentie isolée et désolée de ne pas avoir d'argent à moi. Mais tout a changé lorsque j'ai créé ma propre entreprise.

« Donc, si vous êtes une maman qui veut avoir le meilleur des deux mondes, prenez l'un de ces sacs et vous verrez qu'on peut être à la fois mère de famille et sa propre patronne. »

Changez d'approche si vous constatez que vous n'allumez aucune lueur dans les yeux des invitées :

« Mon mari appelle ça mon "travail tape-à-l'œil" parce que la première chose que j'ai achetée avec mon propre argent, c'est cette bague. Mais ce revenu supplémentaire a également fait une énorme différence pour notre famille. Tout d'abord, cela a soulagé mon mari. Il a un bon emploi, mais nous arrivions à peine à boucler nos fins de mois.

« Mon entreprise de "party plan" nous permet de nous offrir des choses que nous ne pouvions pas nous permettre auparavant, comme une sortie hebdomadaire en amoureux et cette nouvelle voiture que nous venons d'acheter. Y en a-t-il parmi vous qui rêvent d'un mode de vie que leur chèque de paie ne peut leur offrir ? »

Ne vous laissez pas emporter par votre histoire au point d'oublier *pourquoi* vous la racontez. Le moyen de plus rapide d'attirer une nouvelle recrue est d'obtenir le plus grand nombre de réponses qui ressemblent à :

- « Je peux faire ça ! »
- « J'adorerais faire la même chose ! »
- « Il est peut-être temps que je remette en question mon emploi habituel. »

* « J'ai l'impression que ce travail est fait pour moi. »
* « C'est l'emploi dont j'ai toujours rêvé. »

Si vous avez de la difficulté à formuler votre histoire, complétez la phrase suivante sur une feuille individuelle :

« *J'étais..., mais…, et donc…* »

« *J'étais* agente de crédit dans une banque, *mais* je me suis lassée de la politicaillerie qui y régnait, *et donc* lorsque j'ai entendu parler de l'industrie de la vente directe, j'ai su que cela me conviendrait parfaitement. Je regrette seulement de ne pas avoir fait le grand saut plus tôt. »

Quiconque déteste les petites manœuvres douteuses qui se trament en milieu de travail pensera : *Par ici la monnaie* !

Si vous travaillez à plein temps *et* êtes à la tête de votre propre entreprise, complétez cette phrase sur une feuille individuelle :

« *J'étais…, mais…, et donc…* »

« *J'étais* physiothérapeute, *mais* mon revenu ne me permettait jamais de voyager, *et donc* j'ai commencé à animer des réunions de vente. Les revenus qu'elles génèrent paient mes voyages. J'économise actuellement pour que ma mère puisse revoir son Italie natale. Elle est impatiente de renouer avec des membres de sa famille qu'elle n'a pas vus depuis 20 ans et, de mon côté, j'ai hâte de faire du shopping jusqu'à épuisement. Et vous, aimez-vous voyager ? »

Il n'est pas nécessaire que vous racontiez toute votre histoire d'une seule traite. Vous pouvez la scinder en plusieurs épisodes. Vous pourriez poursuivre la séquence qui précède en disant :

« Ce que j'adore dans mon travail, c'est que je n'ai jamais à me demander : *Est-ce que j'en ai les moyens* ? lorsque je souhaite m'offrir quelque chose. Il me suffit d'organiser le nombre nécessaire de réunions de vente et le tour est joué. Qui adore faire du shopping ? »

Apprenez à favoriser la rétroaction des invitées en posant des questions à la fin de votre récit :

« J'ai des enfants et j'anime des réunions de vente pour aider mon mari à payer les factures. Nous pouvons ainsi laisser les enfants chez leur grand-mère et voyager. Ma société organise un voyage chaque année et c'est ce qui me motive. Les enfants adorent ça aussi, car ils se font gâter à outrance chez grand-maman. Qui parmi vous a un emploi qui est assorti d'un voyage gratuit chaque année ? »

Les invitées seront alors prêtes à vous entendre parler de vos produits. Toutefois, n'oubliez pas qu'il ne faut jamais en faire trop ! Visez un impact maximal dans un délai minimal en laissant de côté les détails et en présentant vos produits avec des mots imagés :

- « Ces petits gâteaux au chocolat fondent dans la bouche ! »
- « Cette fragrance vous transportera sur une île tropicale. »
- « Ajoutez ces sels à l'eau de votre bain et vous aurez l'impression de flotter dans de la soie. »
- « Une fois que vous aurez essayé cette casserole, vous voudrez changer toute votre batterie de cuisine. La qualité des mets que vous y préparerez vous étonnera. »
- « Votre peau sera satinée et vous aurez le sentiment d'avoir rajeuni de cinq ans. »

N'oubliez pas de faire des commentaires d'ordre personnel :

« Après avoir commencé à utiliser ces produits, je n'ai voulu rien d'autre. C'est pour cette raison que j'ai décidé d'en vendre. »

SECRET DE SUPERSTAR

Si vous vendez des produits de soins de la peau, ne laissez pas une mauvaise mine miner votre confiance. Vous pouvez toujours dire à la blague : « Voilà ce qui arrive quand j'utilise les produits de nos concurrents. »

Ne succombez pas à l'envie de vanter excessivement l'efficacité de vos produits. Plus vous parlerez, moins les invitées écouteront. Le secret consiste à décrire les qualités de vos produits, et non leur nature :

> « Suivez notre programme de détoxication pendant une semaine et vous aurez le sentiment d'avoir pris des vacances. »
>
> « Cette huile à la lavande est si pure et concentrée qu'une seule goutte vous débarrassera de toute tension. Appliquez-en une touche sur chaque tempe avant d'aller au lit et vous dormirez comme un bébé. »

En même temps, parlez des récompenses que votre société offre aux hôtesses, et non pas uniquement des détails de l'organisation d'une soirée :

> « Attendez de voir ce que vous obtiendrez si vous décidez d'animer une réunion de vente. »

Servez-vous de votre imagination et faites des suggestions intéressantes qui mousseront vos ventes. Si vous vendez des livres, suggérez un titre précis qui fera des merveilles avec un enfant qui apprend la propreté, qui saura distraire un passager lors d'un long trajet en voiture ou que grand-maman pourra lire à ses petits-enfants.

Placez des signets dans votre catalogue afin que les invitées puissent aisément repérer les articles dont vous parlez. Vous pouvez en faire un jeu. Voir « Doigts agiles » et d'autres jeux proposés au chapitre 15 (page 220).

Attirez l'attention des invitées sur les produits que vous avez surlignés sur leur formulaire de commande. Rappelez-leur d'utiliser leurs deux stylos, l'un pour les « indispensables », l'autre pour les « peut-être ».

Apprenez à poser des questions avant de proposer des solutions :

> « Qui n'a pas encore trouvé le programme de soins de la peau idéal ? J'ai tout essayé et puis une amie m'a recommandé cette marque. J'ai immédiatement remarqué une différence. »

Ne négligez pas les volets réservations et occasion d'affaires. La plupart des animatrices de « party plan » n'en parlent pas suffisamment et se demandent ensuite pourquoi leur entreprise ne se développe pas. Vous ne pouvez pas prendre ces aspects à la légère et vous attendre ensuite à des résultats. Vous devez les intégrer à l'ensemble de votre présentation.

Parlez de votre occasion d'affaires pendant la présentation de vos produits :

> « Lorsque vous devenez consultante, vous recevez ce pendentif en même temps que votre trousse de démarrage. »

> « J'ai actuellement deux emplois : je vends ces magnifiques bijoux et j'aide des femmes à créer leur propre entreprise. »

De la même manière, vous pouvez combiner votre occasion d'affaires avec vos demandes de réservation :

> « J'ai animé une réunion de vente et j'ai reçu en cadeau des produits d'une valeur de 150 €. C'est là que l'étincelle a jailli dans mon esprit. J'ai pensé : *Mes amies adoreraient obtenir ces bijoux gratuitement*. Je me suis donc engagée comme consultante et j'ai demandé à des copines d'agir comme hôtesses pour moi. Lorsqu'elles ont vu ce qu'elles

recevaient pour m'aider à démarrer, elles ont toutes voulu être parmi les premières à animer une soirée.»

C'est avec le feu que l'on allume le plus rapidement un feu. Partagez donc votre enthousiasme et vos expériences avec les invitées :

«Les gens me demandent souvent ce que je préfère dans mon travail et je dois répondre… tout. Je ne me suis jamais autant amusée et je n'ai jamais été aussi heureuse.»

«Le plus grand avantage de ce travail, c'est que toutes mes dépenses sont déductibles d'impôt.»

«En tant que femmes, nous donnons beaucoup. Ce que j'aime le plus dans mon travail, c'est la reconnaissance et l'appréciation que je reçois.»

Ou vous pouvez dire :

«J'ai assisté à une réunion de vente et j'ai été époustouflée par ce qu'a dit la consultante. J'ai pensé : *Même si seulement la moitié de ce qu'elle affirme correspond à la réalité, je veux faire la même chose.*»

Il est très important que vous soyez sincère. Si vous travaillez à temps partiel, dites-le :

«J'enseigne toujours, mais mon but est de faire de la vente directe à plein temps.»

Si vous êtes une nouvelle venue dans l'industrie, dites-le :

«J'ai encore des choses à apprendre, mais la formation et le soutien de ma société ont été fantastiques.»

Ne misez pas uniquement sur les récompenses financières lorsque vous parlez de votre entreprise. Si vous vendez des outils de bricolage, dites :

«Lorsque j'ai découvert que la plupart de mes amies étaient comme moi et n'avaient aucune idée de la façon d'effectuer des réparations de base dans la maison ou des travaux d'entretien à l'extérieur, j'ai décidé de créer ma propre entreprise. J'adore mon travail, car il me permet d'aider des femmes à devenir indépendantes. C'est valorisant de savoir qu'on peut se débrouiller. »

Soyez à l'affût d'indices qui vous indiqueront qu'une participante est intéressée. À une invitée qui a été particulièrement attentive, dites-lui :

« Je vous remercie pour votre intérêt. Je parie que vous aimez le *scrapbooking* autant que moi. »

SECRET DE SUPERSTAR

Une façon amusante de présenter votre occasion d'affaires consiste à apporter quelques accessoires et de les montrer aux invitées lorsque vous parlez des nombreux avantages dont jouissent les nouvelles recrues :

* **Un petit diadème :** « Quand votre bébé vous a-t-il dit : "Merci, maman, c'est du beau travail !" lorsque vous changiez sa couche ? Ce que vous adorerez dans l'industrie du "party plan", c'est la reconnaissance que vous obtiendrez. »

* **Une décoration de Noël :** « Qui aimerait n'avoir aucune dette après Noël ? Aidez les membres de votre famille et vos amies à faire leurs emplettes pour les fêtes de fin d'année, et vous gagnerez l'argent nécessaire pour faire les vôtres. »

* **Une poupée Mickey :** « L'an dernier, nous avons réalisé un rêve familial et nous sommes allés en vacances à Disney World. C'est grâce à mes réunions de vente que nous avons pu nous offrir cette escapade. Nous en garderons le souvenir toute notre vie. Si vous rêvez vous aussi d'amener votre famille à Disney World, vous devriez songer à faire comme moi. »

* **Une carte de crédit :** Saviez-vous que la famille moyenne consacre un tiers de ses revenus à des paiements d'intérêts ? C'était le cas de ma famille, mais je règle maintenant le solde de ma carte de crédit chaque mois grâce à mon entreprise de « party plan ». J'adore ne plus être endettée et si cela vous intéresse, nous pourrions en discuter. »

* **Une petite boîte de céréales :** « Qui aimerait sortir chaque semaine du supermarché sans avoir déboursé un sou ? Une réunion de vente hebdomadaire me permet de régler ma note d'épicerie. »

* **Des billets de banque :** « Quiconque dit que l'argent ne fait pas le bonheur ignore où faire son shopping. Si vous voulez gagner davantage d'argent, nous pouvons vous aider. »

Ou dites : « Je suis devenue consultante parce que j'adore faire de nouvelles connaissances et être financièrement indépendante. »

* **Une automobile miniature :** Je n'avais jamais conduit une voiture neuve avant d'en gagner une grâce au programme de récompenses offert par ma société. Je roule maintenant au volant d'une Mustang rouge décapotable. J'adore ça ! Est-ce que quelqu'un veut l'essayer ? »

Imaginez-vous ensuite en train de discuter de votre occasion d'affaires avec ce prospect qui a fait l'essai de cette voiture qui vous a été offerte par votre société.

N'hésitez pas à parler des craintes qui empêchent les gens de se lancer en affaires. Vous attirerez toujours l'attention des invitées lorsque vous aborderez ce sujet qui les tracasse :

> « Y en a-t-il parmi vous qui croient être incapables de vendre ? C'était mon cas. Mais quand j'ai vu à quel point mes amies aimaient ces bijoux, j'ai compris que cette industrie était davantage axée sur le partage que sur la vente. Et les réunions sont fantastiques, car toutes peuvent

essayer les bijoux et obtenir instantanément l'avis de leurs copines. »

Vous glanerez également de précieuses informations en restant à l'écoute. Soyez à l'affût de questions qui traduisent un intérêt pour votre entreprise.

Question : « Comment avez-vous commencé ? »

Réponse : « J'ai assisté à une réunion de vente et j'ai adoré ça. Je n'avais jamais pensé devenir un jour consultante, mais je suis heureuse d'avoir pris cette décision. C'est de loin le meilleur emploi que je n'ai jamais eu. »

Question : « Comment avez-vous appris à vendre ? »

Réponse : « Je me rappelle m'être inquiétée à ce sujet. Mais cet apprentissage est vraiment amusant. Notre société offre un excellent programme de formation continue. Et je n'ai jamais eu l'impression que l'on exigeait que je sache tout dès le début. J'ai organisé des réunions de vente et j'ai appris petit à petit. »

Question : « À combien s'élèvent vos revenus ? »

Réponse : « En moyenne, je réalise des ventes d'environ 500 € par réunion et je touche 30 pour cent de cette somme. C'est ma société qui offre sa récompense à l'hôtesse. Donc, mes revenus s'élèvent à 150 € par réunion. Et c'est si agréable que je ne le fais pas uniquement pour l'argent. »

Question : « Y a-t-il beaucoup de gens qui vendent ces produits dans la région ? »

Réponse : « Tout le monde aime nos produits et nous avons donc quelques consultantes dans la région. Nous pourrions en avoir 10 fois plus et nous sommes toujours à la recherche de personnes qui souhaitent se joindre à notre équipe. Pourquoi n'assisteriez-vous pas à notre prochaine rencontre ? Elle ne dure pas plus de 90 minutes et ce serait pour vous une excellente façon de prendre le pouls de l'entreprise, sans obligation de votre part. De plus, vous pourrez faire la connaissance de nos consultantes. Elles forment un groupe dynamique et elles vous adoreront. »

Question : « Que faisiez-vous avant ? »

Réponse : « Je suis infirmière, mais pour rien au monde je ne reprendrais mon poste à l'hôpital. Les quarts de travail en rotation laissent des traces après quelques années. J'adore diriger ma propre entreprise et aider d'autres femmes à devenir travailleuses autonomes. Et vous, que faites-vous ? »

Question : « Faites-vous ce travail à plein temps ? »

Réponse : « Oui. Mais pas au début, car je travaillais à temps plein comme agente de crédit. J'ai quitté cet emploi lorsque mes réunions de vente ont commencé à me rapporter davantage que mon poste à la banque. De plus, je travaille deux fois moins d'heures par semaine. Aujourd'hui, je me demande pourquoi je n'ai pas pris cette décision plus tôt. »

Ou dites : « Je suis maman à plein temps et mes réunions de vente me procurent une grande détente. Les revenus que j'en tire me permettent d'acheter des choses que je me sentirais coupable de m'offrir si je n'avais pas mon propre argent. »

Assurez-vous de poser des questions qui vous permettront de repérer des hôtesses éventuelles :

« Y en a-t-il parmi vous qui ont déjà organisé une réunion de vente ? »

« Qui a déjà fait de la vente directe ? »

« Qui a été meneuse de claques pendant ses études ? »

« Qui aurait aimé être meneuse de claques sans avoir jamais eu le courage d'essayer ? »

« Qui a un talent artistique ? »

« Qui a le pire emploi [le pire patron] ? »

« Qui quitterait son emploi demain matin si c'était possible ? »

Gardez le rythme. Si vous sentez que l'attention des invitées se relâche, changez la dynamique de votre présentation – proposez un jeu, faites un tirage ou sortez de votre sac un produit que vous aviez gardé en réserve. Plus les participantes s'amuseront, plus elles seront attentives. Et plus elles seront enclines à acheter vos produits, à choisir d'animer une soirée ou à adhérer à votre société.

CHAPITRE 12

La grande finale

Voici venu le moment de conclure. Peu importe le nombre de fois où vous avez parlé de vos produits, des réservations et de votre occasion d'affaires pendant votre présentation, il faut conclure chacun de ces volets.

La conclusion

Remerciez les invitées d'être venues. Demandez-leur si elles ont des questions et puis dites-leur : « Voyons maintenant le bon de commande. »

Montrez la même confiance que lors de votre présentation en disant : « *Lorsque* vous passez une commande » et non « *Si* vous passez une commande ».

Efforcez-vous de conclure les trois volets en même temps :

« Avant de terminer, j'aimerais savoir si vous avez des questions. Je vous rappelle que votre commande sera envoyée à Nicole [ou à vous] lundi prochain. Vous n'aurez pas de difficulté à remplir le formulaire si vous avez coché vos produits favoris avec votre stylo bleu. Mais si votre budget ne vous permet pas de vous offrir tout ce que vous voulez et que vous avez marqué quelques articles à l'encre verte, pourquoi ne pas les obtenir gratuitement en animant une réunion de vente ?

« Vous n'aurez alors qu'à inviter quelques amies. Je ferai le reste. Et n'oubliez pas que vous recevrez un cadeau au moment de la réservation, ainsi que 10 pour cent des ventes réalisées pendant votre soirée. Vous pourrez dépenser cette somme pendant une période de récompense produits gratuits – n'est-ce pas merveilleux ? Mais il y a plus. Pour chacune de vos invitées qui acceptera de devenir hôtesse, vous pourrez obtenir n'importe quel produit à moitié prix. Je recommande toujours d'opter pour le produit le plus cher. Pourquoi ne pas en profiter ? C'est tellement avantageux. »

Souvenez-vous d'encourager les invitées à réserver vos dates disponibles les plus rapprochées. De cette manière, elles auront moins tendance à annuler :

« N'oubliez pas que vous recevrez un cadeau supplémentaire si vous réservez l'une de mes dates-vedettes, comme Valérie l'a fait ce soir. Merci, Valérie. J'ai hâte d'assister à ta soirée. Je crois qu'il me reste une date-vedette. Laissez-moi vérifier. Oui, le samedi 12 est toujours disponible. Y a-t-il quelqu'un qui préfère un brunch le week-end à une soirée pendant la semaine ? »

Ou vous pouvez leur suggérer :

« Il est vraiment avantageux de réserver une date au cours des trois prochaines semaines, car, dans ma société, le mois de juin est dédié à la reconnaissance des hôtesses. Vous recevrez un magnifique ensemble de bougies en plus de la récompense habituelle. »

Ensuite, passez directement à la conclusion de votre occasion d'affaires :

> « Y a-t-il quelqu'un qui croit que cela paraît trop beau pour être vrai ? C'est ce que j'ai pensé lorsque j'ai assisté à ma première réunion. Mais les récompenses offertes aux hôtesses ont fait pencher la balance et j'ai décidé de devenir consultante. Je me suis dit : *Tout le monde voudra organiser une soirée avec de pareilles récompenses* ! »

Voici une autre façon de combiner la conclusion des trois volets – produits, réservations et occasion d'affaires :

> « Pendant que vous décidez du contenu de votre commande, permettez-moi de vous décrire les diverses possibilités qui s'offrent à vous. Vous pouvez commander tout ce que vous voulez dès ce soir, ou ne commander que quelques articles maintenant et faire comme Nathalie – animer une réunion de vente. À part le plaisir que vous aurez, vous obtiendrez de superbes récompenses. Ou encore, vous pouvez faire comme moi et créer votre propre entreprise de "party plan". Ma société offre un soutien incroyable. »

Présentez votre occasion d'affaires à la ronde et une invitée que vous aviez déjà remarquée se décidera peut-être :

> « Je vous suis très reconnaissante d'être ici ce soir. Cela a été très agréable de faire votre connaissance. Je vous invite à réfléchir à ceci : Aimeriez-vous faire ce que je fais ? C'est une excellente façon de devenir propriétaire d'entreprise. De plus, l'industrie offre la formation et le soutien dont vous aurez besoin. Et même si vous n'aviez jamais envisagé une telle activité, pensez-y. Je n'avais aucune expérience en vente lorsque j'ai commencé et je peux vous dire en toute honnêteté que je n'ai jamais eu autant de plaisir tout en gagnant de l'argent. »

Si les invitées vous accordent toute leur attention, poursuivez en disant à quel point il est facile de se lancer en affaires :

« Vous vous demandez comment on peut créer sa propre entreprise ? La majorité des gens n'arrivent pas à croire que c'est si facile. Fondamentalement, il n'y a que trois étapes.

À la signature du formulaire d'adhésion de consultante indépendante, vous recevez un kit de démarrage et vous pouvez immédiatement commencer à générer des revenus. Cette trousse coûte XXX €, mais la société vous en offre le double sous forme de produits et de fournitures. Vous êtes donc gagnante dès le départ.

Ensuite, vous parlez à vos amies et aux membres de votre famille des superbes cadeaux que la société offre à quiconque anime une réunion de vente pendant laquelle vous vous exercerez. Nos premières clientes, hôtesses, distributrices et même consultantes figurent généralement parmi nos connaissances. Tout ça est plutôt excitant et ce qui est particulièrement intéressant, c'est que vous gagnez de l'argent pendant votre apprentissage. Dès le départ, vous touchez 30 pour cent de vos ventes.

« Le volet le plus amusant est la formation, alors que vous apprenez à développer votre entreprise et à vous constituer une clientèle qui ne sera pas uniquement composée d'amies et de membres de votre famille. Personnellement, j'ai été soulagée lorsque j'ai compris qu'il n'était pas nécessaire que je sache tout dès le départ. J'apprends encore aujourd'hui et ma société encourage les nouvelles recrues en leur offrant des primes très intéressantes tout au long de leurs premières semaines d'activité. Donc, si vous cherchez un emploi à temps partiel, souhaitez créer une entreprise et vous y consacrer à plein temps, ou même un emploi occasionnel, prenez l'un de ces sacs de documentation, et je serai heureuse de prendre rendez-vous avec vous afin d'en discuter. »

N'en faites pas trop. Si vous êtes détendue, les invitées le seront également. Misez sur la simplicité et la spontanéité. Si vous insistez trop sur votre occasion d'affaires, vous ne trouverez pas beaucoup de preneuses. Parlez petite entreprise, temps partiel, et maintenant !

« Y a-t-il quelqu'un parmi vous qui aimerait travailler à temps partiel avant Noël ? En commençant maintenant, si vous animez une réunion de vente par semaine, vous pourrez amasser 1 000 € ou plus. Et il se trouve que ma société offre justement une séance de formation la semaine prochaine pour nos vendeuses de la période des fêtes de Noël. Un revenu supplémentaire de 1 000 € ne ferait-il pas une différence pour vous ? »

Terminez votre présentation en invitant les participantes à remplir une fiche d'information :

« Merci d'être venues. Vous formez un groupe fantastique. Nous avons presque terminé. Pendant que vous réfléchissez à ce que vous commanderez et à la réservation que vous ferez peut-être, assurez-vous de remplir la fiche d'information et je procéderai à un autre tirage. Qui a déjà décidé de sa commande ? »

Récupérez les fiches, remerciez votre hôtesse et félicitez les invitées qui se sont engagées à tenir une réunion de vente ou qui ont pris rendez-vous pour en apprendre davantage sur votre occasion d'affaires. Terminez la soirée en beauté en choisissant au hasard une fiche d'information et annoncez le nom de l'heureuse gagnante.

CHAPITRE 13

Récoltez les fruits de vos efforts

C'est lors de conversations privées avec les invitées que vous récolterez les fruits de vos efforts en matière de planification, de préparation et de présentation. Il est maintenant temps de conclure avec chaque invitée et de faire le point sur sa commande, sa réservation et l'occasion d'affaires que vous lui offrez :

* Votre but numéro un est de recruter chaque invitée.
* Votre but numéro deux est d'amener chaque invitée à agir comme hôtesse.
* Votre but numéro trois est de faire de chaque invitée un membre de votre Club de clientes VIP.

Manifestez votre intérêt envers ce que chaque invitée a commandé et veillez à ce que toutes se sentent à l'aise, peu importe le montant auquel s'élève leur commande :

* « Bon choix. »
* « C'est l'un de mes produits préférés. »

* « C'est l'un des premiers produits que j'ai achetés. »
* « Cette teinte vous va parfaitement. »

Si vous voulez encourager vos clientes à commander en ligne ou à s'inscrire à votre service de navette automatique, facilitez-leur la tâche en leur offrant un guide détaillé et une récompense si elles passent une commande avant un mois. Une offre d'une durée limitée est toujours plus incitative qu'une vague invitation :

> « Non seulement économiserez-vous 10 pour cent en vous inscrivant comme cliente privilégiée, mais en passant votre première commande avant la [date], vous recevrez un produit gratuit. »
>
> L'échéance vous donne également l'occasion de faire un rappel amical : « Je vous téléphonerai pour m'assurer que vous ne ratiez pas cette chance d'obtenir un produit gratuit. »

Ces tête-à-tête ne prennent fin que lorsqu'une invitée décline votre offre. En attendant, continuez à aller de l'avant en lui faisant des suggestions utiles. Il ne vous appartient pas de déterminer ce qu'une cliente peut se permettre d'acheter. Elle sait très bien ce qu'elle a dans son portefeuille.

Si elle commande un article, proposez-lui un produit complémentaire :

> « Avez-vous vu ces nouveaux ornements ? Ils s'harmonisent parfaitement avec les emballages que vous avez choisis. »
>
> « Si vous aimez le bracelet, vous pourriez envisager d'acheter les boucles d'oreilles assorties pendant qu'elles sont en solde. »

Si elle commande plusieurs produits d'une même gamme, dites-lui qu'il peut être avantageux d'ajouter un autre article :

«Avez-vous réalisé que vous pourriez profiter d'un important rabais si vous commandiez toute la collection ?»

Ne partez jamais du principe qu'une cliente a remarqué une offre spéciale :

«Avez-vous remarqué que le tampon et l'encre sont offerts en duo ? C'est moins cher que de les acheter individuellement.»

«Avez-vous remarqué que le total de votre commande vous autorise à acheter un autre article à prix réduit ?»

Attirez de nouveau l'attention de la cliente sur les produits que vous avez surlignés :

«Avez-vous jeté un coup d'œil aux produits que j'ai surlignés ? Ils sont en solde ce mois-ci et c'est votre seule chance de les obtenir à ce prix.»

Faites allusion de nouveau à son bon de commande :

«Avez-vous inscrit tout ce que vous voulez ou y a-t-il encore des produits qui vous tentent ?»

Il suffit qu'une cliente par réunion accepte vos recommandations pour que vos ventes augmentent de façon significative en un an.

Passez en revue les fiches d'information, mais invitez toutes les participantes à devenir membres de votre Club de clientes VIP, qu'elles aient ou non coché cette case.

Vous pouvez miser sur votre Club de clientes VIP pour générer des ventes supplémentaires :

«Votre commande d'aujourd'hui s'élève à 64 € et si vous commandez pour plus de 70 €, vous serez automatiquement inscrite à mon Club de clientes VIP. C'est très avantageux, car vous serez la première à entendre parler de nos nouveaux produits et promotions. De plus, vous pourrez profiter d'offres exclusives et d'échantillons gratuits, et vous serez invitée au lancement de nos nouveautés. »

Demandez ensuite à la participante si elle souhaite réserver une date et organiser une réunion de vente. Peu importe les efforts que vous devrez y mettre, ce sera toujours plus facile que de la solliciter à froid le lendemain. Soyez à l'affût des signaux qui révèlent son intérêt en ce sens.

Si une invitée dit : « J'adore ce produit, mais je l'achèterai plus tard », vous pouvez ajouter aussitôt : « Pourquoi ne pas l'obtenir gratuitement ? »

Si elle dit : « Je le commanderai lors de la soirée de Sandrine », vous pouvez ajouter : « C'est fantastique. Mais avez-vous pensé à devenir hôtesse et obtenir vous aussi des produits gratuits ? »

Voyez des occasions d'affaires dans chaque réunion de vente et n'hésitez pas à inviter toutes les participantes à adhérer à votre société :

« Que diriez-vous de vous joindre à mon équipe ? J'adorerais travailler avec vous. »

Posez des questions directes :

« Alors, que décidez-vous ? »

« Vous dites-vous : *Je pourrais très bien faire ce travail.* »

« J'ai vu vos yeux briller lorsque j'ai parlé de ma voiture. Que diriez-vous de vous engager et d'en obtenir une vous aussi ? Je vous aiderai avec plaisir. »

Invitez directement vos meilleurs prospects :

« Vous êtes exactement celle que nous cherchons. »

« Vous seriez à votre place dans notre équipe. »

La principale raison pour laquelle un prospect décline votre invitation à discuter de votre occasion d'affaires est qu'il est plus facile de dire « non » sur le moment que de risquer de subir de la pression. Offrez toujours une porte de sortie de manière à ce que votre prospect se sente à l'aise.

> « L'industrie du "party plan" ne convient pas à tout le monde, mais ce serait amusant de découvrir si elle est faite pour vous. »

Ayez toujours une autre étape à proposer à celles qui sont intéressées, mais qui ne sont pas prêtes à aller de l'avant :

> « La prochaine séance de formation des consultantes aura lieu samedi. Si vous vous décidez d'ici là, vous pourrez commencer immédiatement. »

> « Nous organisons chaque mois un atelier intitulé "Il est payant de recevoir". Vous y apprendrez tout ce que vous devez savoir pour vous lancer en affaires. L'atelier dure environ 90 minutes et on s'y amuse beaucoup. Qu'en dites-vous ? »

> « Pourquoi n'irions-nous pas prendre un café un de ces jours ? J'aimerais beaucoup apprendre à mieux vous connaître. »

> « Pourquoi ne m'accompagneriez-vous pas à une réunion de vente ? J'adore montrer comment je m'y prends et j'ai justement une réservation la semaine prochaine à moins d'un kilomètre d'ici. »

Parlez sur un ton léger et décontracté. Si vous exercez de la pression ou si vous laissez entendre que le « party plan » est compliqué, il est fort probable que vous rebuterez vos prospects au lieu de les gagner à votre cause. La plupart de nos décisions se situent dans une zone grise. C'est le contact personnel que vous établissez avec les invitées qui peut aisément faire pencher la balance. Rien ne vous oblige à les faire signer sur-le-champ. Mettez à profit le temps que vous passez avec elles pour développer votre relation.

Concluez ces tête-à-tête en fonction de la décision prise par l'invitée :

À une cliente occasionnelle, vous pouvez lui dire :

« Je vous suis vraiment reconnaissante d'avoir passé une commande et je vous promets de bien m'occuper de vous. Premièrement, je vous appellerai pour vérifier si vous êtes satisfaite. Je suis certaine que vous le serez, mais je tiens tout de même à m'en assurer. Ensuite, je vous téléphonerai une fois par mois pour voir si vous désirez quelque chose. Mais n'hésitez surtout pas à communiquer avec moi avant mon appel. Voici ma carte [ou aimant de réfrigérateur, porte-clés, autocollant à appliquer sur le calendrier]. Vous y trouverez mes coordonnées. »

À une invitée qui s'est inscrite à votre Club de clientes VIP, vous pouvez dire :

« Bienvenue dans mon Club de clientes VIP. Vous recevrez votre premier bulletin d'information dans deux semaines. Il renferme toujours une offre alléchante. Ouvrez-le donc sans tarder. »

Secret de Superstar

Vérifiez son adresse électronique. Certaines adresses sont difficiles à déchiffrer et il est plus facile de corriger des erreurs sur-le-champ que de voir rebondir un mail.

Déterminez l'heure et le lieu de votre première séance de parrainage avec les invitées qui ont décidé d'animer une réunion de vente.

Déterminez l'heure et le lieu d'un rendez-vous avec les consultantes éventuelles.

Planifiez judicieusement vos conversations privées afin d'éviter de passer trop de temps avec une invitée et de négliger les autres. Peu importe l'enthousiasme que suscite en vous une participante en particulier, poursuivez votre tournée de façon à ce que chaque invitée profite de votre attention exclusive. Vous aurez amplement le temps de poursuivre la conversation au cours des jours qui suivent.

CHAPITRE 14

Récompensez et recrutez votre hôtesse

Reportez votre attention sur votre hôtesse après avoir parlé à chaque invitée. Félicitez-la pour la belle soirée qu'elle a organisée. Faites le total de ses ventes, prenez note des réservations qu'elle a obtenues et aidez-la à calculer sa récompense. N'oubliez pas de vérifier sa carte « Défi de l'hôtesse » (voir l'illustration 1 à la page 210, chapitre 15, « Il est payant de jouer ») et offrez-lui un cadeau si elle a coché une ligne entière ou, mieux, toutes les cases.

Montrez-vous enthousiaste devant ce qu'elle a obtenu. Une hôtesse heureuse réserve plus de dates, invite davantage d'amies, vous fait connaître beaucoup plus de gens... Et elle devient consultante.

Si votre hôtesse est passée à un cheveu d'atteindre un palier de récompense, offrez-lui un délai de 24 heures afin qu'elle augmente ses ventes ou obtienne une réservation. Un délai plus long ne ferait qu'encourager la procrastination. Un sentiment d'urgence la motivera, mais plus vous prolongerez ainsi les réunions de vente, surtout si elles se chevauchent, plus votre tâche sera compliquée.

Assurez-vous que votre hôtesse comprend la prochaine étape – percevoir les paiements et obtenir d'autres commandes.

Dites-lui quelles invitées ont manifesté de l'intérêt pour votre occasion d'affaires et que vous la tiendrez au courant. Dites-lui qui a décidé d'organiser une réunion de vente : « J'espère que vous serez présente. Ce sera à votre tour de vous asseoir et de vous détendre. »

Félicitez-la de s'être inscrite à votre Club de clientes VIP, car elle pourra ainsi être la première à recevoir vos invitations et vos offres.

Et finalement, avant de partir, remerciez votre hôtesse et offrez-lui un compliment sincère :

« J'aimerais que toutes mes hôtesses soient comme vous. »

« C'était très agréable. Vos amies sont fantastiques. »

« Votre maison est magnifique. »

« Vous êtes l'une de mes hôtesses favorites. »

Ne laissez pas de déchets chez elle. Offrez-lui de l'aider à nettoyer les lieux ou permettez-lui de vous aider à transporter votre matériel jusqu'à votre voiture. Laissez-la avec l'impression que l'organisation de sa prochaine soirée sera facile.

La relation que vous entretenez avec votre hôtesse ne se termine pas en même temps que la réunion. Téléphonez-lui le lendemain et dites : « Merci d'avoir été une si merveilleuse hôtesse. Vous êtes-vous amusée ? Êtes-vous contente de tous ces superbes produits que vous avez reçus gracieusement ? Je crois que nous avons fait un excellent travail toutes les deux. »

Complimentez-la pour ce qui s'est particulièrement bien déroulé :

> «Votre réception a été la meilleure du mois. Je vous en remercie.»

> «Les participantes n'étaient peut-être pas nombreuses, mais cela ne nous a pas empêchées de nous amuser. J'ai ainsi pu consacrer davantage de temps à chacune de vos amies.»

Ne monopolisez pas la conversation. Demandez-lui son avis sur le déroulement de sa soirée et vérifiez si elle a des questions ou d'autres produits à commander. Rappelez-lui de demander à ses amies qui n'ont pas fait de réservations si elles souhaitent organiser une soirée lorsqu'elle leur livrera leur commande. Dites-lui que vous lui offrirez une récompense si elles acceptent.

Si vous envisagez d'expédier les commandes chez votre hôtesse, expliquez-lui que vous lui enverrez un courriel confirmant le nom des destinataires, le contenu de chaque commande, le nombre de boîtes qu'elle recevra et la date approximative de la livraison.

Suggérez-lui de tout vérifier afin de s'assurer que rien n'est brisé ou défectueux. Dites-lui de garder le bordereau d'expédition jusqu'à ce qu'elle ait tout livré chez ses amies. Avisez-la immédiatement s'il y a un contretemps ou si un produit est en rupture de stock ou épuisé.

Appelez-la une dernière fois lorsque vous estimez que les invitées ont reçu leur commande afin de vérifier si elles sont satisfaites. Remerciez-la encore une fois pour le succès de sa soirée et la livraison. Si elle n'a pas réservé une autre date ou signé un engagement, vous pouvez lui dire : «J'espère que ce n'est pas la dernière fois que nous nous parlons. Puis-je garder le contact avec vous et vous appeler si quelque chose de particulier se présente ?»

Le recrutement

Votre hôtesse est une excellente candidate pour votre entreprise et elle est déjà à mi-chemin de devenir consultante. Elle a des amies, elle aime recevoir, elle adore vos produits et elle est capable d'organiser une réunion de vente. Les statistiques de l'industrie démontrent qu'une hôtesse sur cinq deviendra consultante. Plus la soirée de votre hôtesse est réussie, plus il est probable qu'elle s'engage.

Dès le moment de la réservation, vous devez faire tout ce qui est en votre pouvoir pour montrer à votre hôtesse à quel point votre travail est excitant, valorisant et rentable.

Après la deuxième séance de parrainage, envoyez-lui de la documentation ainsi qu'une note manuscrite : « J'aimerais beaucoup vous aider à faire ce que je fais. Je sais que vous êtes une femme extraordinaire et vous serez étonnée de la facilité avec laquelle on peut créer sa propre entreprise. Examinez les documents ci-joints et dites-moi ce que vous en pensez. »

Renforcez sa confiance tout au long de vos activités de parrainage et pendant sa soirée en lui faisant des compliments sincères. Si elle se sent bien dans son rôle d'hôtesse, elle sera plus réceptive à l'idée de devenir consultante.

> « J'aimerais que toutes mes hôtesses soient aussi bien organisées [amusantes, populaires] que vous. »

Si vous écoutez autant que vous parlez, vous en apprendrez beaucoup sur elle pendant vos séances de parrainage. Mettez cette information à profit pour personnaliser vos interventions. Si elle adore voyager, parlez-lui du plaisir que vous prenez à travailler en vue de gagner un voyage chaque année et de votre fébrilité lorsque votre société annonce la destination.

Si elle a de jeunes enfants, dites-lui à quel point vous aimez faire un travail qui permet de concilier vie professionnelle et vie familiale. Dites-lui que vous estimez tout aussi important de trouver un équilibre entre le rôle de maman et le temps pour soi que d'harmoniser travail et jeu.

Si elle est une femme de carrière, dites-lui qu'elle peut diriger sa propre entreprise à temps partiel, ou encore : « Avez-vous déjà songé à voler de vos propres ailes ? » Ou : « Avez-vous déjà pensé à miser sur vos talents pour créer votre propre entreprise ? »

Est-il important de tenter de recruter votre hôtesse juste avant ou pendant sa soirée ? Je ne le recommande pas. Rien ne presse. Le simple fait qu'elle ait réservé une date prouve qu'elle vous considère. Détendez-vous et laissez-la s'amuser.

Mais si vous croyez que le moment est propice, glissez-lui un mot à ce sujet pendant la réunion.

Les quelques minutes que vous passerez avec votre hôtesse avant l'arrivée de ses invitées sont parfaites pour lui tendre une perche : « Cela a été fantastique de travailler en votre compagnie. J'ai adoré planifier cette soirée avec vous. J'ai une idée : ce soir, observez-moi bien et vous verrez à quel point mon travail est agréable. Je crois que vous seriez excellente. »

Vous pouvez également parler à votre hôtesse après la réunion de vente alors qu'elle est remplie d'enthousiasme : « J'adorerais travailler avec vous. Vous êtes amusante et je crois que vous réussiriez haut la main dans notre industrie. »

Dites-lui que vous avez confiance en elle : « Vous avez été une hôtesse formidable. Je crois que vous avez un talent inné. »

SECRET DE SUPERSTAR

Une excellente façon d'aborder votre hôtesse après la soirée consiste à lui demander : « Comment vous sentez-vous après cette réunion ? » Après qu'elle vous a donné sa rétroaction, dites : « D'après vous, qu'est-ce qui a été le plus difficile ? »

Il ne fait aucun doute que sa curiosité sera piquée et c'est à ce moment-là que vous pouvez lui dire : « C'est ce que vous avez fait. Moi, je me suis contentée d'être présente et de m'amuser. J'ai été très heureuse de faire la connaissance de vos amies et elles ont semblé tout aimer. Mais c'est ainsi dans notre secteur d'activité. L'hôtesse fait le gros du travail et nous gagnons de l'argent. Je crois que vous aimeriez être consultante et je suis certaine que vos amies accepteraient d'animer des soirées pour vous. »

Si les invitées de votre hôtesse ont déjà accepté d'organiser une réunion de vente, vous pouvez lui faire une offre encore plus alléchante : « J'ai une idée. Si vous devenez consultante, je vous offrirai les deux réservations que j'ai obtenues ce soir. Six réceptions et vous serez lancée. »

Ou vous pouvez lui dire : « Vous devez faire un choix. C'est très bien si vous vous engagez plus tard, mais si vous le faites maintenant, nous pourrons intégrer les soirées de Véronique et d'Isabelle à votre apprentissage. J'y serai comme consultante, mais vous pourrez m'accompagner et m'aider, et je vous verserai 20 pour cent des ventes réalisées pendant la soirée. Vous pourrez alors déduire cette somme du coût de votre trousse de démarrage. »

Si vous n'avez pas encore donné votre documentation à votre hôtesse, vous pouvez lui déclarer : « En fait, j'étais si enthousiaste à l'idée de vous compter parmi les membres de notre équipe que je vous ai apporté de la documentation.

L'industrie du "party plan" ne convient pas à tout le monde, mais si vous aimez vous amuser et gagner de l'argent en même temps, cela vaudrait peut-être la peine que vous y jetiez un coup d'œil. »

Ou vous pouvez lui affirmer : « Dès notre première rencontre, j'ai pensé : *Elle ferait une excellente consultante*. Mais je ne voulais pas vous empêcher de vous concentrer sur votre soirée. Et aujourd'hui, j'en suis plus certaine que jamais. Maintenant que vous savez comment cela fonctionne, que diriez-vous de devenir consultante ? J'adorerais travailler avec vous. Vous êtes douée. »

Veillez à avoir un formulaire d'adhésion sous la main au cas où votre hôtesse accepterait de s'engager. Si elle est impatiente de devenir membre de votre équipe, elle voudra savoir quelle est la prochaine étape. Expliquez-lui qu'elle peut commencer par une soirée de lancement et quelques amies qui animeront ses premières réunions. Renforcez sa confiance en soulignant que ses copines ont passé un bon moment et voudront l'aider.

> « Je suis pratiquement certaine que Catherine et Sylvie accepteront d'organiser une soirée pour vous. Elles adorent nos produits et ont passé les plus grosses commandes. »

Si votre hôtesse est intéressée, mais qu'elle n'est pas encore prête à s'engager, fixez-lui un rendez-vous ou invitez-la à un événement pendant lequel elle pourra prendre le pouls de l'industrie, sans pression ni obligation.

Votre hôtesse demeurera toujours un bon prospect, qu'elle signe immédiatement ou non. Elle pourra changer d'avis, ou alors c'est sa situation qui changera. Elle perdra peut-être son emploi, se lassera de son horaire ou songera à fonder une famille. La veilleuse est toujours allumée – et c'est à vous qu'il incombe d'être là pour attiser la flamme à point nommé. Une superstar de la vente directe est toujours optimiste !

CHAPITRE 15

Il est payant de jouer

Les jeux sont des outils fantastiques qu'il convient d'inclure dans votre planification. Ils peuvent servir à briser la glace, ajouter une touche excitante et ludique à la soirée, et aider les invitées à se détendre. Mais ce n'est pas leur principale raison d'être. L'organisation de jeux est en effet le moyen le plus facile de repérer des prospects et de recueillir de précieuses informations sur leur personnalité :

* Une invitée utilise le type de produits que vous vendez ? Elle s'inscrit en tête de votre liste de clientes, hôtesses et consultantes éventuelles.
* Une invitée a déjà assisté à des réunions de vente ou en a animé ? Son expérience vous permet de prédire son comportement futur.
* Une invitée s'est particulièrement bien amusée ? Elle est une bonne candidate pour devenir hôtesse et distributrice.
* Une invitée est très compétitive ? Elle adorera le système de reconnaissance et de récompenses qu'offre l'industrie du « party plan ».

* Une invitée est très volubile ? Elle pourrait très bien être la personne enthousiaste que vous recherchez.
* Une invitée participe sans réserve ? Parlez-lui de l'industrie du « party plan », source de plaisir et de nouvelles amitiés.
* Une invitée est réticente et ne participe pas beaucoup ? Elle est peut-être désintéressée ou distraite. Ne la rayez pas de votre liste de candidates éventuelles. Apprenez à mieux la connaître avant de décider de votre approche.

Les conseils qui suivent vous aideront à tirer le meilleur parti des jeux que vous intégrerez à vos réunions de vente :

* Ne prévoyez pas plus de deux jeux par réunion.
* Ne perdez pas de temps à jouer à des jeux qui ne vous aident pas à repérer des clientes, des hôtesses et des consultantes éventuelles.
* À vos débuts dans l'industrie, choisissez des jeux simples et ajoutez-en d'autres à mesure que vous gagnez en confiance.
* N'hésitez pas à faire des expériences dans la mesure où vous êtes à l'aise avec les jeux proposés. Quelques jeux qui ont fait leurs preuves suffiront pour que vous atteigniez vos objectifs en matière de recrutement d'hôtesses et de prospects.
* Utilisez plusieurs jeux en alternance de manière à ce que les invitées qui n'en sont pas à leur première réunion constatent que vous avez plus d'une flèche à votre arc.
* Misez sur l'aspect ludique de l'activité. Ne donnez pas l'impression que vous tentez d'arriver à un résultat précis.

* Ne tentez jamais de faire participer une invitée contre son gré. Plus vous serez détendue, plus les invitées seront décontractées.
* Proposez votre premier jeu tôt dans la soirée. En vous montrant généreuse et en offrant des récompenses au début de la réunion, vous rendrez les invitées plus réceptives.
* Emballez chaque cadeau avec une brochure d'information ou glissez un produit dans vos sacs-cadeaux. En les remettant aux gagnantes, dites-leur : « Félicitations, vous avez gagné… et vous trouverez dans ce sac de la documentation sur les récompenses que nous offrons à nos hôtesses [sur ma société]. Je crois que cela vous intéressera. »
* Réduisez vos frais en faisant provision d'articles lorsqu'ils sont en solde ou en profitant d'aubaines lorsque des commerçants locaux organisent une vente de liquidation.

DES JEUX POUR GÉNÉRER DES RÉSERVATIONS

LA POCHETTE-SURPRISE !

La préparation : Placez des cadeaux de tailles et de formes différentes dans un panier.

Le jeu : Prenez le panier et dites : « Qui aime les surprises ? » Expliquez que les participantes qui réserveront une date au cours des cinq minutes suivantes pourront choisir un cadeau dans le panier. Pour ajouter au suspense, programmez une minuterie.

L'ENVELOPPE MYSTÈRE !

La préparation : Imprimez des coupons pour les récompenses suivantes :

> « 10 pour cent de réduction sur votre commande de ce soir ! »
>
> « 10 € à dépenser lors de la réunion que vous animerez ! »
>
> « Choisissez n'importe quel cadeau dans mon panier ! »

Insérez les coupons dans des enveloppes distinctes et inscrivez-y les dates pour lesquelles vous souhaitez obtenir une réservation (p. ex. : les dates disponibles les plus rapprochées).

Le jeu : Montrez les enveloppes et parlez des récompenses qu'elles contiennent. Expliquez que la première invitée qui acceptera d'animer une réunion de vente à la date inscrite sur l'une des enveloppes obtiendra la récompense qu'elle contient.

LE BANQUIER !

La préparation : Préparez 6 petites boîtes numérotées de 1 à 6 et placez-y au hasard les récompenses suivantes :

* Trois coupons donnant droit à un « cadeau instantané ».
* « 10 € à dépenser lors de la réunion que vous animerez » (chèque-cadeau ou coupon-cadeau).
* « 20 € à dépenser lors de la réunion que vous animerez » (chèque-cadeau).
* « 30 € à dépenser lors de la réunion que vous animerez » (chèque-cadeau).

Le jeu : Placez les boîtes devant les invitées de manière à ce qu'elles puissent voir les numéros et demandez : « Qui veut jouer au Banquier ? »

Expliquez que les chances de gagner un cadeau instantané sont de 50 pour cent et que celles de gagner un chèque-cadeau à échanger lorsqu'elles animeront une réunion de vente sont également de 50 pour cent. En jouant, les invitées s'engagent à organiser une soirée si elles ouvrent une boîte contenant un chèque-cadeau.

Invitez les participantes à choisir une boîte à tour de rôle en répétant ce qu'elle peut contenir. Dites-leur : « Quelle récompense souhaitez-vous trouver dans votre boîte ? » Vous créerez ainsi un suspense et favoriserez la rétroaction.

Le plaisir se trouve dans l'anticipation ; n'ouvrez donc pas les boîtes trop rapidement.

N.B. Vous pouvez faire participer l'ensemble du groupe en demandant aux invitées de deviner ce que chaque boîte contient avant de l'ouvrir.

ENCORE OU STOP !

La préparation : Sur un tableau, collez des images des produits que votre hôtesse souhaite obtenir et des articles dont vous voulez faire la promotion, en indiquant leur prix.

Tout de suite après vos tête-à-tête, faites rapidement le total des ventes réalisées pendant la soirée avant que les invitées ne se dispersent. Ne dévoilez pas la somme à votre hôtesse.

Le jeu : Demandez à votre hôtesse de s'avancer et de choisir un à un ses produits gratuits. Retirez les images du tableau au fur et à mesure.

À tour de rôle, les invitées doivent deviner si l'hôtesse a atteint le total de ses récompenses en criant « Encore ! » ou « Stop ! » chaque fois qu'elle fait un choix. Les invitées qui ont crié « Encore ! » continuent à jouer. La gagnante est l'invitée qui crie « Stop ! » au moment où l'hôtesse se rapproche le plus de la somme de ses récompenses.

TENTEZ VOTRE CHANCE !

La préparation : Ayez 2 dés, 12 enveloppes (numérotées de 1 à 12), 7 petits prix, 3 grands prix et 4 brochures d'information sur les récompenses offertes aux hôtesses. Imprimez 12 fiches :

- Sept fiches avec l'inscription suivante : « Félicitations ! Vous avez remporté un petit prix ! »

* Quatre fiches avec l'inscription suivante : « Félicitations ! Organisez une réunion de vente et obtenez de magnifiques récompenses ! »
* Trois fiches avec l'inscription suivante : « Félicitations ! Vous êtes la gagnante d'un grand prix ! »

Placez une fiche correspondant à un grand prix dans l'enveloppe numérotée 2 ou 12 (aux dés, les chances d'obtenir un 2 ou un 12 sont plus minces) et gardez les deux autres pour les invitées qui réserveront une date avant le début du jeu. Répartissez ensuite au hasard les autres fiches dans les enveloppes restantes.

Le jeu : Placez les enveloppes devant les invitées. Expliquez que certaines contiennent de petits prix, d'autres une fiche de réservation, et la dernière le grand prix. Dites : « Si vous gagnez un prix, vous le gardez. Si vous obtenez une fiche de réservation, vous devez organiser une soirée. »

Montrez le grand prix et dites : « Qui n'aime pas tenter sa chance ? Si vous réservez une date avant que nous commencions à lancer les dés, je vous offre ce cadeau. Si vous aviez déjà l'intention de le faire, j'apporterai ce cadeau chez vous le soir de votre réunion. Y a-t-il quelqu'un qui souhaite le réclamer dès maintenant ? »

Invitez une à une les participantes à accepter ce cadeau, toujours sur un ton enjoué et détendu. Et puis dites : « Qui veut être la première à lancer les dés ? »

Chaque participante lance les dés et prend l'enveloppe qui correspond au nombre qu'elle a obtenu. Elle n'ouvre pas immédiatement l'enveloppe. Les invitées qui obtiennent ensuite le même nombre rejouent.

Lorsque toutes les joueuses ont une enveloppe, elles l'ouvrent en même temps et disent ce qu'elles ont gagné.

Tout en distribuant les prix, dites aux invitées qui ont remporté une fiche de réservation : « C'est vous qui avez gagné le gros lot, car voyez ce que nous offrons à nos hôtesses. » Décrivez ensuite votre programme de récompenses.

PASSEZ LE PAQUET !

La préparation : Emballez un cadeau avec sept feuilles de papier superposées.

Écrivez un poème évoquant les avantages reliés à une réservation, ou adaptez l'exemple qui suit.

Tendez le paquet-cadeau à votre hôtesse qui le remettra ensuite à l'invitée à qui lui fait penser la première strophe du poème que vous lirez. L'invitée retire une couche de papier et passe ensuite le paquet à la participante à qui lui fait penser la strophe suivante. Continuez jusqu'à ce qu'une invitée retire la dernière couche de papier et gagne le cadeau.

Le poème :

Vous êtes notre hôtesse et j'ai des cadeaux pour vous.
Mais vos invitées peuvent aussi gagner des prix amusants.
Passez le paquet à la personne qui, ci-devant
A fait le plus long trajet pour arriver jusque chez vous.

Passez le paquet si vous trouvez celle
Pour qui le shopping fait des étincelles,
Celle qui dans un magasin jamais ne résiste
À ajouter davantage d'articles à sa liste.

Nous allons trouver une autre invitée
Qui pense que rien n'égale gagner.
Si vous recevez des cadeaux avec émoi,
Soyez la première à crier : « Moi ! »

Décidez d'organiser une réunion.
Ne tardez pas, nous nous amuserons.
Trouvons maintenant une autre invitée
Qui sans faute saura se démarquer !

Certaines d'entre vous, hôtesses ont été
Mais à qui croit-on que le record revient ?
Si des réunions, vous avez organisées
Faites le calcul et dites-nous combien.

Ce petit jeu est presque terminé.
Une invitée ouvrira bientôt la boîte.
Trouvons celle que nous allons gâter.
Passez le paquet à la troisième à droite !

Déchirez la dernière couche de papier.
Et voyez ce que vous avez gagné !
Merci d'avoir participé à cette séance.
Félicitations ! C'est votre jour de chance !

DÉFI DE L'HÔTESSE !

La préparation : Photocopiez la carte « Défi de l'hôtesse » (voir l'illustration 1) ou préparez une grille de morpion et inscrivez-y les tâches qui suivent, ainsi qu'une note au-dessous qui précise comment l'hôtesse peut gagner :

Illustration 1 : Défi de l'hôtesse

Deux+ commandes avant la réunion	Deux+ réservations à la fin de la réunion	Animer une autre soirée au cours des trois prochains mois
Réunion non reportée	Dix+ invitées présentes	Liste d'invitées retournée le...
Trois invitées que je ne connais pas	500 €+ de ventes	Douze+ invitées présentes

Obtenez un cadeau en complétant une ligne verticale, horizontale ou diagonale.

Cochez toutes les cases et vous aurez un cadeau supplémentaire.

Le jeu : Proposez ce jeu lors de votre première séance de parrainage.

Si 12 invitées ou plus sont présentes à la soirée, l'hôtesse peut cocher deux cases : « 10+ invitées présentes » et « 12+ invitées présentes ».

DES JEUX POUR IDENTIFIER DES PROSPECTS

BRISE-GLACE !

La préparation : Un stylo et du papier pour chaque invitée.

Le jeu : Dites aux invitées que vous leur poserez six questions et que des points leur seront attribués pour leurs réponses. La participante qui aura obtenu le plus grand nombre de points gagnera.

Voici les questions :

Question n° 1 : « À combien de réunions de vente avez-vous assisté au cours des deux dernières années ? »

Accordez un point par réunion.

Question n° 2 : « À combien de réunions de vente avez-vous assisté au cours des six derniers mois ? »

Accordez deux points par réunion.

Question n° 3 : « Avez-vous organisé des réunions de vente au cours des deux dernières années ? »

Accordez trois points par réunion.

SECRET DE SUPERSTAR

Accordez une attention toute particulière aux invitées qui ont animé des réunions de vente. Demandez-leur : « Avec quelle société l'avez-vous fait ? » et formulez ensuite un commentaire positif :

« Je connais cette compagnie. Vous êtes-vous amusée ? »

« Je n'en ai jamais entendu parler, mais ça m'apparaît intéressant. »

« Vous a-t-on offert plusieurs produits gratuits ? »

Question n° 4 : « Combien de réunions de vente avez-vous organisées au cours des six derniers mois ? »

Accordez trois points par réunion.

SECRET DE SUPERSTAR

Demandez aux invitées de vous donner les coordonnées des consultantes avec qui elles ont travaillé. Vous pourrez ainsi les appeler et leur proposer d'animer des soirées avec vous. Ces contacts professionnels sont précieux. Une fois que vous aurez constitué une banque de données comprenant les coordonnées d'autres organisatrices de « party plan », vous pourrez vous aider mutuellement. Par exemple, vous pourrez organiser conjointement un salon du cadeau.

Question n° 5 : Adaptez cette question en fonction des produits que vous vendez. Par exemple :

- Bijoux : Un point pour chaque paire de boucles d'oreilles que vous possédez.
- Produits de beauté : Un point pour chaque tube de rouge à lèvres que vous avez acheté cette année.
- Livres pour enfants : Un point pour chaque livre que vous avez lu à votre enfant cette semaine.
- Matériel de scrapbooking, fabrication de cartes de souhaits, estampage : Un point pour chaque photo

que vous avez sur vous aujourd'hui [ou que vous avez placée sur votre commode].

* Bougies : Un point pour chaque bougie que vous avez allumée cette semaine [ce mois-ci].
* Nutrition : Un point pour chaque supplément nutritionnel que vous prenez quotidiennement.
* Batteries de cuisine et aliments : Un point pour chaque repas que vous avez pris en famille cette semaine.
* Soins de la peau : Un point pour chaque étape de votre programme de soins quotidiens.

N.B. Si une invitée demande des précisions, tentez de répondre par l'affirmative. Si elle dit : « Est-ce que je double mes points si j'utilise des produits matin et soir ? » vous pouvez répondre : « Absolument. »

Question n° 6 : Qui a déjà été distributrice indépendante ? »

Accordez cinq points.

Invitez les participantes à faire le total de leurs points. La gagnante est naturellement votre candidate la plus intéressante. Toutefois, ne délaissez pas les invitées qui ont obtenu un score au-dessus de la normale, car elles représentent elles aussi des consultantes éventuelles.

Secret de Superstar

Demandez aux invitées qui ont déjà évolué dans l'industrie de la vente directe : « Avec quelle société avez-vous travaillé ? » et faites-lui un compliment personnel.

« Vous donnez l'impression d'être faite pour ça. »

« Cela ne m'étonne pas. Vous êtes une personne très dynamique. »

DÉLICE « CHOCOOLIQUE » !

La préparation : Une boîte ou un sac de chocolats.

Le jeu : Expliquez aux invitées que vous adorez que l'on vous pose des questions, car ainsi, vous ne perdez pas de temps à parler de sujets qui n'intéressent personne. Montrez la boîte de chocolats et dites : « Qui aime le chocolat ? Si vous me posez une question au sujet de mon entreprise, je vous en donne un. » Répondez de manière à promouvoir votre société.

Question : « Combien de réunions de vente animez-vous chaque semaine ? »

Réponse : « Parfois deux et parfois trois. C'est moi qui choisis quand je veux travailler. Il y a une plus grande demande pour nos produits avant la Saint-Valentin, la fête des Mères et Noël, et c'est donc pendant ces périodes que je travaille le plus. L'an dernier, les revenus générés par mes réceptions de Noël m'ont permis d'amener ma famille au Grand Canyon. Cela a été une expérience formidable. »

PIGÉ !

La préparation : Un rouleau de billets de tirage.

Le jeu : Chaque fois que vous mentionnez le nom de votre société, la première invitée à crier « Pigé ! » obtient un billet. Vous déposez alors le double de celui-ci dans un sac. À la fin de votre présentation, pigez un billet et offrez un cadeau à la participante qui possède le numéro correspondant.

GAUCHE-DROITE-GAUCHE !

La préparation : Concoctez une histoire à propos de votre entreprise en utilisant les mots « gauche » et « droite » le plus souvent possible (ou adaptez l'exemple qui suit).

Le jeu : Pendant que vous lisez votre histoire, les invitées comptent le nombre de fois où vous dites les mots « gauche » ou « droite ». Par exemple :

« Lorsque j'ai quitté la maison ce soir, je m'apprêtais à tourner à *droite* dans la rue lorsque je me suis rendu compte d'avoir laissé mes catalogues à la *gauche* de la porte d'entrée. J'ai donc fait demi-tour.

« Toutefois, mes catalogues n'étaient pas là où je croyais les avoir posés. J'ai cherché à *gauche* et à *droite* et je les ai finalement trouvés à *gauche* de la table de la cuisine. Je suis ensuite repartie en ligne *droite* vers ma voiture.

« Étant donné que j'habite non loin de chez Monique, je n'ai eu qu'à tourner à *droite* en sortant de mon allée, à prendre la première rue à *gauche*, et ensuite la première rue à *droite* et de rouler encore un peu.

« Arrivée chez Monique, j'ai tourné à *gauche* dans son allée. J'étais la première arrivée et j'ai donc garé ma voiture le plus à *droite* possible afin que les invitées aient de la place sur la *gauche*.

« Monique avait laissé la porte de *gauche* ouverte et j'ai immédiatement commencé à installer mon étalage dans le coin *gauche* de la salle de séjour. Bientôt, les participantes sont arrivées par la *gauche* et par la *droite*. Il ne nous restait plus qu'à nous amuser. »

N.B. Dans cet exemple, la bonne réponse est 16.

LE SAC À SURPRISES !

La préparation : Un rouleau de billets de tirage.

Le jeu : Demandez aux invitées de poser leur sac à main sur leurs genoux.

Dites-leur que vous allez nommer une lettre de l'alphabet et que la première qui sortira de son sac un objet dont le nom commence par cette lettre obtiendra un billet de tirage. Vous déposerez le double de celui-ci dans une enveloppe. Exemple :

« T » pour ticket ou téléphone ; « C » pour calculatrice, chocolat ou carnet d'adresses ; « M » pour menthes ou maquillage. Vous pouvez rendre le jeu plus amusant en acceptant des réponses farfelues ou créatives.

Pour ajouter un coefficient de difficulté au jeu, demandez aux participantes de nommer un avantage de votre entreprise qui commence par la lettre que vous avez nommée. Celles qui répondront obtiendront un billet supplémentaire. De plus, c'est une bonne façon de vous faire de la publicité.

Si, pour un « T », une invitée suggère le mot temps, dites : « Excellente réponse. Je travaille quand je le veux et personne ne me donne des ordres. »

Si, pour un « A », une invitée suggère le mot argent, dites : « C'est ce qu'il y a de mieux. C'est moi qui décide de mes revenus en fonction de mes rêves et du temps dont je dispose. Avec trois enfants, je suis reconnaissante de pouvoir gérer mon emploi du temps comme je le veux. »

QU'Y A-T-IL DANS VOTRE SAC ?

La préparation : Un rouleau de billets de tirage.

Le jeu : Demandez aux invitées de fouiller dans leur sac à main afin d'y trouver un objet inusité et puis d'expliquer ce qu'il fait là. Non seulement la créativité de leurs réponses vous aidera-t-elle à repérer vos meilleures candidates, mais vous aurez ainsi un sujet de discussion lorsque vous effectuerez un suivi auprès d'elles.

DES JEUX POUR GÉNÉRER DES VENTES

COMMANDEZ ET GAGNEZ !

La préparation : Un rouleau de billets de tirage.

Le jeu : Les invitées recevront un billet pour chaque article qu'elles commandent, peu importe sa valeur. Plus elles accumulent de billets, plus elles ont de chances de gagner lors du tirage. Proposez ce jeu pendant la conclusion de votre présentation et reparlez-en pendant les tête-à-tête.

Ou encore, offrez un billet pour chaque tranche de 10 € que dépensent les invitées.

À VOS MARQUES !

Ce jeu vous permet de remarquer les invitées qui adorent vos produits.

La préparation : Aucune.

Le jeu : Mettez les invitées au défi de sortir de leur sac à main le plus grand nombre possible d'articles associés à vos produits. Par exemple, si vous vendez des produits de beauté, il est certain que les participantes auront du rouge à lèvres, du mascara et de la crème pour les mains. En cas d'égalité, la gagnante est celle qui possède le plus grand nombre de produits de votre marque.

QUI SUIS-JE ?

La préparation : Préparez un questionnaire simple en fonction des produits que vous vendez. Voyez, par exemple, celui que j'ai créé pour une compagnie d'aliments gastronomiques appelée Grande cuisine à domicile.

« Grande cuisine à domicile »

- Créative : j'adore faire des expériences.
- Compétente : je n'ouvre jamais un livre de recettes.
- Prudente : je suis méticuleusement la recette.
- Consciencieuse : il faut que ce soit nutritif.
- Décontractée : je m'accommode de ce que je trouve dans le garde-manger.

- Conviviale : j'adore recevoir.
- Pratique : le four à micro-ondes est mon meilleur ami.
- Réconfortante : je suis du type soupe, pain de viande et macaroni au fromage.
- Compétitive : j'adore réaliser des recettes compliquées.
- Cuisiner? Je n'utilise jamais les mots «je» et «cuisine» dans une même phrase.

Le jeu : Distribuez le questionnaire, accompagné d'un stylo. Demandez aux participantes de cocher la description qui correspond le plus à leur style. Invitez-les ensuite à faire part de leur réponse. Ce jeu permet de faire une pause amusante pendant la réunion et révèle une facette de la personnalité des invitées, ce qui vous facilitera la tâche pendant les tête-à-tête et les appels de suivi.

JE SUIS UNE CÉLÉBRITÉ !

La préparation : Dressez une liste des films et des séries télévisées les plus populaires, ainsi que de leurs principaux personnages. Pendant une séance de parrainage, demandez à votre hôtesse quelles sont les préférences de ses invitées à cet égard.

Le jeu : Invitez les participantes à nommer le personnage auquel elles ressemblent le plus en ce qui concerne l'apparence ou la personnalité.

Variantes :

Style libre : Chaque invitée nomme une célébrité à qui elle ressemble.

Les associations : Les invitées nomment un personnage bien connu qui, d'après elles, ressemble à l'une des participantes. Un vote populaire permet ensuite de déterminer qui a fait la meilleure suggestion.

Les deux prochains jeux vous aideront à passer le temps si vous attendez des retardataires. Même s'il est toujours préférable de commencer une réunion à l'heure prévue, il y a parfois des imprévus et il vaut mieux utiliser ce retard de façon productive en engageant le dialogue avec les invitées de manière à apprendre à mieux les connaître.

FAISONS CONNAISSANCE !

La préparation : Imprimez un questionnaire pour chaque invitée.

Le jeu : Distribuez le questionnaire et invitez les participantes à trouver quelqu'un qui répond à chaque description et à inscrire son nom :

* Elle a deux enfants de moins de 7 ans.
* Vous ne l'avez jamais rencontrée.
* Vous la connaissez depuis très longtemps.
* Elle vit près de chez vous.
* Elle a déjà été meneuse de claques. (Attention ! Les anciennes meneuses de claques sont toujours de bonnes candidates.)
* Elle a effectué le plus long trajet pour se rendre ici.
* Adaptez certaines questions à vos produits. Par exemple : Elle porte les bijoux les plus intéressants.

La première invitée à terminer le questionnaire gagne.

UNE HÔTESSE HORS PAIR !

La préparation : Aucune.

Le jeu : Invitez les participantes à nommer, à tour de rôle, une qualité qu'elles admirent chez l'hôtesse.

« J'admire Martine parce qu'elle est toujours là quand j'ai besoin d'elle. »

« J'admire le style de Martine. Elle a toujours fière allure. »

DOIGTS AGILES !

La préparation : Sélectionnez un produit dans votre catalogue.

Le jeu : Lorsque toutes les invitées ont votre catalogue entre les mains, vous pouvez leur dire : « Je vais vous donner un indice. La gagnante sera la première personne à trouver le produit auquel je pense et à indiquer la page où il se trouve.

Ensuite, parlez brièvement de ce produit.

DES JEUX POUR LES MEMBRES DE VOTRE ÉQUIPE

LE MORPION !

La préparation : Attirez l'attention des membres de votre équipe sur neuf des aspects clés du développement d'une entreprise en préparant une grille de morpion qu'elles devront compléter dans un délai prescrit. Achetez un perforateur ou un tampon que vous utiliserez pour indiquer qu'une tâche a été accomplie.

Le jeu : Donnez une grille à chaque consultante. Passez en revue les tâches qu'elles devront accomplir et le délai dont elles disposent.

N.B. Précisez qu'elles doivent assister à une réunion pour que leur grille puisse être perforée ou tamponnée.

Lorsqu'elles complètent une ligne horizontale, verticale ou diagonale, elles gagnent une petite récompense. Si elles complètent toutes les cases, elles remportent un cadeau supplémentaire.

Variante : Ce jeu est idéal pour sensibiliser les consultantes à ce qu'elles doivent faire pour bénéficier d'une promotion importante, comme le voyage de motivation annuel offert par votre société. En divisant un but à long terme en étapes hebdomadaires ou mensuelles, vous les aiderez à demeurer bien concentrées sur leurs tâches quotidiennes.

SECRET DE SUPERSTAR

Adoptez une approche stratégique en offrant aux gagnantes une séance de formation ou des outils de travail tels que des CD, des DVD, un livre ou des cartes professionnelles.

Votre temps est également une autre récompense judicieuse. L'attention exclusive que vous accorderez à une gagnante lors d'un déjeuner ou d'un dîner de parrainage et de reconnaissance pourra se révéler très rentable.

JE SUIS LÀ POUR GAGNER !

La préparation : Un rouleau de billets de tirage, un bocal de verre et des pièces d'un euro.

Le jeu : Demandez aux membres de votre équipe, à tour de rôle, de dire combien de réunions elles ont animées au cours du mois. Mettez un euro dans le bocal pour chaque réunion mentionnée.

Elles reçoivent également un billet de tirage pour chaque réunion à laquelle elles ont assisté. Plus elles accumulent de billets, plus grandes sont leurs chances de gagner. À la fin, effectuez le tirage et offrez l'argent à la gagnante.

Variante : Offrez à vos consultantes un billet supplémentaire pour chaque tranche de 100 € de ventes qu'elles ont réalisées, et 10 billets supplémentaires pour chaque nouvelle recrue.

FASCINATION !

La préparation : Aucune.

Le jeu : Formez des équipes de deux et donnez environ 60 secondes à vos consultantes pour découvrir un fait intéressant à propos de l'une et l'autre. Ensuite, chacune a 10 secondes pour présenter sa partenaire au groupe. L'équipe qui révélera les faits les plus fascinants l'emportera.

VRAI OU FAUX!

La préparation : Aucune.

Le jeu : Invitez les membres de votre équipe à présenter deux faits à propos d'elles-mêmes. Demandez ensuite aux autres participantes de voter « vrai » ou « faux ».

ON SE PRÉSENTE!

La préparation : Aucune.

Le jeu : Demandez aux membres de votre équipe de se présenter et de décrire en un mot leur plus grande qualité qui commence par la même lettre que leur prénom. Par exemple, Esther l'Enthousiaste, Danielle la Déterminée, Françoise la Fonceuse, Thérèse la Travailleuse.

LA RÉUNION PARFAITE!

La préparation : Aucune.

Le jeu : Formez des groupes et invitez vos consultantes à trouver un élément clé d'une réunion de vente parfaitement réussie :

- Un étalage attrayant ;
- Une présentation persuasive ;
- De nombreuses réservations ;
- Un parrainage spectaculaire ;
- Des conclusions captivantes.

Désignez un chef d'équipe qui dirigera la discussion et qui veillera à ce que chaque consultante ait l'occasion d'apporter sa contribution. Octroyez 10 minutes à chaque équipe avant de demander à la capitaine de présenter au groupe les meilleures idées proposées par son équipe.

IDÉES DE GÉNIE!

La préparation : Envoyez un courriel aux membres de votre équipe et demandez-leur de réfléchir à une idée de génie qu'elles pourront partager avec les autres consultantes lors de votre rencontre.

Le jeu : Au fur et à mesure qu'elles arrivent, demandez à vos membres d'inscrire leur idée sur un feuillet adhésif et collez ces feuillets sur les murs autour de la pièce de manière à créer une galerie de « grandes idées ». Pendant la rencontre, invitez les membres de votre équipe à déambuler dans la pièce et à y trouver une autre idée de génie en s'inspirant des divers feuillets.

Donnez-leur un autre feuillet et demandez-leur d'y inscrire leur nouvelle idée. Elles pourront l'emporter avec elles à la maison et le coller sur une glace, ce qui leur rappellera de la mettre en pratique chaque jour.

LA SALLE D'URGENCE!

La préparation : Invitez les membres de votre équipe à réfléchir à un défi ou à un problème d'importance avant d'arriver à la réunion. Placez un écriteau où vous aurez inscrit : « Salle d'urgence » au-dessus de la porte et demandez aux participantes les plus expérimentées de revêtir une tenue médicale et de jouer le rôle de l'équipe de secours.

Le jeu : Demandez à vos consultantes de s'avancer à tour de rôle et d'exposer leur problème aux membres de l'équipe de secours qui proposeront une solution à tour de rôle.

À la fin de la rencontre, les membres de votre équipe annonceront leurs engagements : « Ce que je ferai » et « Ce que je ne ferai plus». Effectuez un suivi lors de la réunion suivante afin de voir qui a respecté sa parole et de déterminer en quoi cela a donné un coup de pouce à son entreprise.

UN DOCTORAT EN «PARTY PLAN»!

La préparation: Choisissez un chapitre de *Devenez une superstar de la vente directe, Be a Network Marketing Superstar* ou *Be a Recruiting Superstar*.

Le jeu: Basez le contenu de votre formation sur le chapitre que vous avez choisi et demandez aux membres de votre équipe de parler d'une stratégie qu'elles s'engagent à appliquer au cours du mois à venir. Lors de la rencontre suivante, invitez-les à faire part au groupe de la différence qu'elles ont constatée dans leurs activités professionnelles.

LA BOÎTE À SUGGESTIONS!

La préparation: Informez à l'avance les membres de votre équipe du sujet que vous aborderez pendant la séance de formation et invitez-les à y réfléchir. Demandez-leur ensuite d'inscrire leurs idées sur un bout de papier et de le glisser dans une boîte à suggestions au moment de leur arrivée. Ainsi, l'anonymat sera respecté.

Le jeu: Invitez à tour de rôle vos consultantes à piger une suggestion dans la boîte et à en faire part au groupe.

Variante: Demandez à vos nouvelles recrues d'inscrire un problème auquel elles ont été confrontées et de déposer leur feuillet dans une boîte. Invitez ensuite vos consultantes les plus expérimentées à piger et à proposer une solution.

JEU TÉLÉVISÉ!

La préparation: Soyez créative. Servez-vous de votre imagination pour adapter un jeu télévisé populaire en fonction du thème de votre séance de formation (par exemple, l'amélioration de la connaissance des produits).

Le jeu : Invitez l'une des membres de votre équipe à s'habiller en conséquence afin de s'improviser l'animatrice du jeu. Incorporez dans le jeu de rôles le thème, le format, la musique et les expressions propres à l'émission.

QUE SUIS-JE ?

La préparation : Inscrivez le nom de divers produits sur des fiches distinctes.

Le jeu : À tour de rôle, les membres de votre équipe pigent une fiche et personnifient le produit. Ensuite, toutes les participantes posent des questions afin de l'identifier. Elles ne peuvent demander quel est son nom et les seules réponses autorisées sont «oui» et «non». La première personne à reconnaître le produit gagne.

MON PRODUIT PRÉFÉRÉ !

La préparation : Aucune.

Le jeu : Demandez à vos nouvelles recrues d'indiquer quel est leur produit préféré et enseignez-leur la meilleure façon d'en faire la présentation :

- Insistez sur ce qu'apporte le produit (un avantage) et non sur sa description (une caractéristique).
- Indiquez un avantage clé et pas plus de deux avantages accessoires. Il n'est jamais bon d'en faire trop.
- Invitez-les à se demander : *Est-ce que ma présentation me donnerait envie d'acheter ce produit ?* Apportez ensuite les correctifs nécessaires.

Donnez-leur 2 minutes pour se préparer et 30 secondes pour «vendre» leur produit préféré aux autres membres de l'équipe.

Variante : Lancez un défi à vos consultantes les plus expérimentées. Choisissez un produit et allouez-leur 60 secondes pour formuler leurs arguments de vente avant de les présenter au groupe.

QUATRIÈME PARTIE

Après la fête

CHAPITRE 16

Il est temps de faire le point

Il n'y a qu'une seule façon de briller, et c'est de parfaire sans cesse vos présentations. Si vous voulez devenir une superstar de la vente directe, vous devez être prête à vous améliorer continuellement.

Donc, après chaque réunion, prenez quelques minutes pour évaluer votre performance et mesurer vos résultats. Les questions qui suivent vous aideront à déterminer ce qui s'est bien passé et ce que vous pourrez améliorer la prochaine fois.

La première question est : « Ai-je atteint mes objectifs en matière d'assistance, de ventes, de réservations et de promotion de ma société ? »

Si vous répondez par l'affirmative, bravo ! Mais ne vous assoyez pas sur vos lauriers. Vous avez prouvé que vous avez les aptitudes nécessaires et vous devriez désormais viser *plus haut*. Améliorez vos résultats et vos revenus augmenteront.

Voici maintenant des questions qui vous aideront à évaluer vos points forts et vos points faibles :

- Ai-je respecté l'horaire prévu – arrivée, début de la réunion, conclusion ?
- Ai-je apporté tout ce dont j'avais besoin ?
- Ai-je fait preuve de courtoisie dans la demeure de mon hôtesse ?
- Ai-je offert un traitement VIP à mon hôtesse ?
- Ai-je demandé à mon hôtesse de devenir membre de ma société ?
- Mon hôtesse a-t-elle été satisfaite de sa soirée ?
- Mon hôtesse a-t-elle dit : « J'aimerais beaucoup organiser une autre réunion de vente » ?
- Les invitées ont-elles été intéressées par ma présentation ?
- Ma présentation a-t-elle été vivante et ponctuée d'anecdotes et d'histoires ?
- Ai-je transmis des informations et des idées nouvelles ?
- Ai-je favorisé la participation et l'interaction ?
- Ai-je souvent fait référence à ma société et à l'animation de réunions ?
- Avais-je la situation bien en main sans être dominante ?
- Ai-je essayé quelque chose de nouveau ?
- Les invitées sont-elles contentes d'avoir assisté à cette rencontre ?
- Ai-je passé du temps en tête-à-tête avec chaque invitée ?
- Ai-je tenté de pousser les invitées à faire des achats ?
- Ai-je envoyé une note de remerciement à mon hôtesse et à ses invitées ?
- Ai-je inscrit mon hôtesse à mon Club d'hôtesses VIP ?

- Ai-je inscrit les invitées à mon Club de clientes VIP ?
- Ai-je noté le nom des invitées qui semblent prometteuses ?
- Ai-je remarqué des prospects ?
- Suis-je globalement satisfaite de la soirée ?
- Que ferai-je différemment la prochaine fois ?

Cette évaluation n'est pas un exercice d'autocritique. Son but premier est de vous aider à trouver des moyens de vous améliorer. Les petites améliorations successives finissent par donner lieu à de grandes améliorations, et chaque fois que vous perfectionnez un aspect de votre présentation, aussi minime soit le changement, vous vous rapprochez de votre but : devenir une superstar de la vente directe.

Laissez parler vos résultats. Si votre hôtesse avait promis de réunir 10 amies et que seulement six d'entre elles se sont présentées, vous devriez repenser votre programme de parrainage. Votre hôtesse n'était peut-être pas suffisamment motivée ou elle a peut-être été incapable de surmonter quelques difficultés imprévues. Mais si vous rejetez le blâme sur elle, vous abandonnez le contrôle de votre entreprise à une tierce partie. Si vous voulez améliorer vos résultats, n'espérez pas que les autres changent. C'est à vous de le faire !

Secret de Superstar

Cette évaluation n'est efficace que si elle vous permet de préciser la cause de vos problèmes. Si quelques invitées se sont éclipsées avant que vous puissiez prendre leur commande, ne serait-ce pas parce que vous avez oublié de demander : « Y en a-t-il parmi vous qui doivent partir tôt ? » Si vous l'aviez fait, vous auriez pu commencer vos entretiens en tête-à-tête avec elles.

Terminez votre évaluation en complétant ces deux affirmations :

« La prochaine fois, j'éviterai de... »

« La prochaine fois, je ferai... »

Vous trouverez votre récompense dans vos revenus.

CHAPITRE 17

Le suivi

Le but ultime de toute organisatrice de « party plan » est de sortir le plus rapidement possible de son cercle d'amies et de proches et d'évoluer dans de nouvelles sphères. Un calendrier d'événements bien rempli est le plus sûr moyen d'y arriver.

La réunion de vente n'est que la première étape d'une relation. Chaque invitée est potentiellement une cliente régulière, une hôtesse ou une consultante. Votre programme de suivi est crucial si vous voulez que des clientes occasionnelles deviennent des clientes pour la vie.

Plus vous aurez de contacts avec vos clientes, plus forte sera votre relation avec elles. Plus de 90 pour cent des consultantes ont d'abord été des clientes. Gardez donc grandes ouvertes les voies de communication entre vos clientes et vous.

Traitez chaque invitée comme vous aimeriez être traitée si les rôles étaient inversés.

Envoyez aux invitées une note de remerciement amicale pas plus de cinq jours après la réunion et n'oubliez pas de remercier celles qui ont passé une commande tardive.

Quelques jours après que les clientes ont reçu leur commande, téléphonez-leur pour vérifier leur degré de satisfaction. Dites : « J'étais impatiente de connaître votre avis. » Demandez-leur si elles ont des questions et dites : « Je vous appelle également pour vous informer que je vous enverrai un cadeau de bienvenue à mon Club de clientes VIP. »

La deuxième commande est toujours la plus difficile à obtenir. Donc, le meilleur cadeau que vous puissiez offrir est un chèque-cadeau. Il n'occasionnera des frais pour vous que lorsque la cliente l'échangera. Par exemple, offrez un chèque échangeable contre des produits ou 10 pour cent de rabais sur le prochain achat. Assurez-vous que le chèque est valide pendant 60 jours, ce qui vous donnera une bonne raison d'effectuer un suivi :

> « Je me rappelle vous avoir offert un chèque-cadeau et je voulais absolument vous parler avant la date d'expiration. Saviez-vous que les petites serviettes qui sont assorties aux serviettes de bain que vous avez achetées seront en solde pendant les deux prochaines semaines ? »
>
> « Nous offrons maintenant de magnifiques breloques que vous pourriez ajouter au bracelet que vous avez acheté. Il y en a une en particulier que vous adoreriez. »

N'hésitez pas à leur demander encore une fois d'organiser une réunion de vente : « Maintenant que vous avez eu l'occasion d'essayer nos produits, que diriez-vous de ne rien payer pour votre prochaine commande ? Il suffit d'organiser une soirée. »

Pour les tenter encore plus, vous pourriez leur annoncer ce qu'a obtenu leur hôtesse : « La soirée de Julie a été amusante, n'est-ce pas ? Je suis heureuse que vous soyez venue. Et Julie a reçu gratuitement des produits d'une valeur de plus de 100 €. C'est vraiment payant d'agir comme hôtesse. »

N'oubliez pas de parcourir à nouveau la liste d'invitées et d'appeler celles qui ont décliné l'invitation ou qui ne se sont pas présentées. Offrez-leur une consultation personnelle ou invitez-les à votre prochaine réception portes ouvertes ou à un lancement de produits. Proposez-leur de consulter votre site Web et promettez-leur un petit cadeau si elles commandent en ligne.

Secret de Superstar

Lorsque vous téléphonez à des invitées qui n'ont pas participé à la réunion de vente, dites-leur : « Je suis désolée que nous n'ayons pas pu faire connaissance. Vous avez raté une belle soirée, mais je vous ai tout de même réservé un petit cadeau. Je pourrai l'apporter si vous acceptez de me rencontrer pour une consultation privée. Et si vous voulez passer une commande dès maintenant, je vous enverrai le cadeau en même temps que vos produits. Ou encore, vous pouvez choisir d'organiser une soirée et tirer profit d'une période de récompense en produits. Sylvie, elle, a reçu gratuitement des produits d'une valeur de plus de 100 €. Cela en vaut vraiment la peine. »

L'établissement de relations est la clé de la vente directe. Ne comptez jamais sur votre site Web ou sur le bulletin d'information de votre société pour assurer le service à la clientèle. En effectuant régulièrement des appels de suivi, vous apprendrez à mieux connaître vos clientes et vous arriverez peut-être à en faire des hôtesses et des consultantes. Considérez comme une prime vos revenus qui sont générés par les ventes.

Votre Club de clientes VIP

En étant membres de votre Club VIP, vos clientes se sentiront privilégiées et vous tirerez avantage ainsi du véhicule idéal pour continuer à informer vos meilleures candidates et à leur faire des offres au sujet de vos produits, des réservations et de votre occasion d'affaires.

Envoyez un bulletin d'information mensuel aux membres de votre Club de clientes VIP afin que votre nom, vos produits et votre société demeurent présents dans leur esprit. Si vous ajoutez un titre accrocheur dans la case objet, elles ouvriront votre fichier. Et si vous proposez des informations pertinentes, de nouvelles façons d'utiliser vos produits et des offres exclusives, elles liront votre bulletin.

Servez-vous de votre imagination. Si vous vendez des aliments, des batteries de cuisine ou des produits associés au vin, envoyez l'offre suivante à vos clientes : « Êtes-vous membre d'un club ? Invitez-moi à l'une de vos rencontres. Je pourrai y faire une démonstration de mes produits, organiser une dégustation et offrir des échantillons. Vous recevrez 10 pour cent des recettes sous forme d'un panier-cadeau. »

Votre bulletin d'information n'est pas votre seul outil pour intéresser vos clientes. Songez à intégrer certains ou l'ensemble des services suivants à votre programme VIP :

- Des offres spéciales chaque mois, annoncées dans votre bulletin d'information ou envoyées par mail ou sur une carte postale.
- Une carte de récompenses VIP (en version électronique, ce qui vous facilitera la tâche), promettant un cadeau après cinq commandes ou à l'atteinte d'un certain palier d'achats.

* Des invitations spéciales à vos réceptions, lancements de nouveaux produits ou événements de reconnaissance.
* Des récompenses supplémentaires au moment d'une réservation.
* Des primes pour avoir recommandé des amies.
* Des échantillons gratuits lors de l'envoi des commandes.
* Un bon de réduction à leur anniversaire.
* Un cadeau d'anniversaire offert aux distributrices les plus actives.
* La possibilité de commander en ligne 24 heures par jour, 7 jours par semaine.

SECRET DE SUPERSTAR

Faites preuve de créativité pour attirer vos clientes sur votre site Web. Par exemple :

* Organisez un tirage pour élire la cliente du mois. Toutes vos clientes sont admissibles au concours, mais elles doivent consulter votre site pour voir si elles ont gagné et, le cas échéant, réclamer leur prix.
* Affichez des prix mystères sur votre site et envoyez des indices par mail pour aider vos clientes et vos hôtesses à les découvrir.

Si vos meilleures clientes et vous vivez à proximité, fixez-leur des rendez-vous de suivi et offrez-leur des consultations à domicile. Une heure passée en tête-à-tête avec de bonnes clientes renforcera votre relation, vous livrera de précieuses informations sur leur vie et vous indiquera comment et quand leur proposer de devenir hôtesses ou consultantes.

SECRET DE SUPERSTAR

N'attendez pas que vos clientes communiquent avec vous. Envoyez-leur un petit message lorsque vous croyez qu'elles sont à la maison. Par exemple, pendant un orage, une tempête de neige, une vague de chaleur ou les vacances. Si vous êtes confinée chez vous, vous pouvez être certaine que vos clientes le sont aussi et que votre message sera pour elles une distraction bienvenue.

Affichez des promotions et des invitations sur votre page Facebook.

N'envoyez pas de mails ou de messages sur Facebook lorsque vos clientes risquent d'être occupées, car ils pourraient se perdre dans un déferlement de courrier électronique.

Vous obtiendrez davantage de réponses si vous jumelez un lien à une offre. Par exemple : « Doublez vos points VIP si vous commandez au cours des 24 prochaines heures. »

Votre Club d'hôtesses VIP

Vos hôtesses méritent beaucoup d'attention et de reconnaissance. En étant membres de votre Club VIP, elles se sentiront spéciales et appréciées, et donc plus enclines à devenir consultantes.

Immédiatement après une réunion de vente, envoyez une note de remerciement manuscrite à votre hôtesse. Vous ne ferez jamais fausse route en complimentant vos hôtesses. Et le meilleur moyen de leur donner envie d'organiser une autre soirée est de faire en sorte qu'elles soient satisfaites d'elles-mêmes.

Invitez chacune de vos hôtesses à s'inscrire à votre Club VIP et à profiter de récompenses exclusives. Elles pourront ainsi être les premières à découvrir vos nouveaux produits, à bénéficier de promotions et à assister à des événements ; des invitations à des lancements ; le premier choix de dates pour leurs soirées ; des cadeaux d'anniversaire ; des rabais exclusifs ; et des cadeaux supplémentaires à l'organisation de leur deuxième réunion et des suivantes.

Vos hôtesses se sentiront bien si vous leur dites : « En général, j'invite mes hôtesses à s'inscrire à mon Club VIP après deux réceptions, mais la vôtre a été une telle réussite [j'ai eu tellement de plaisir à travailler avec vous] que je vous y inscris immédiatement. »

SECRET DE SUPERSTAR

Prenez une photo de chacune de vos hôtesses. Organisez un tirage pour élire l'hôtesse du mois. Envoyez des fleurs à la gagnante et affichez sa photo sur votre site Web. Vous devez entretenir un sentiment de bien-être chez vos hôtesses.

Invitez chacune de vos hôtesses à organiser une autre réunion de vente lorsque vous jugez la situation propice : « Nous avons un tout nouveau catalogue et je suis impatiente de vous le montrer. Nous n'en avons jamais eu d'aussi beau et j'offre à mes hôtesses préférées le privilège d'être les premières à réserver une date. »

Lorsque vous téléphonez à une hôtesse à qui vous n'avez pas parlé depuis un certain temps, vous pouvez lui dire : « Je viens de me rendre compte que je ne vous ai pas appelée pour fixer la date d'une réunion de vente cette année. Je suis très occupée, mais j'adorerais travailler avec vous. Nous avons de nouveaux produits très intéressants, ainsi qu'une offre spéciale pour nos hôtesses ce mois-ci. Est-ce que ça vous intéresse ? »

SECRET DE SUPERSTAR

En cas d'annulation, téléphonez à une autre hôtesse et dites-lui : « J'ai une annulation de dernière minute et je me suis demandé qui pourrait bien animer cette réunion avec un si court préavis. J'ai immédiatement pensé à vous ! »

Une façon amusante d'inciter vos hôtesses VIP à organiser d'autres soirées et d'encourager vos clientes VIP à devenir hôtesses consiste à organiser une activité promotionnelle sous forme d'encan. Envoyez votre calendrier d'événements à vos hôtesses et à vos clientes en y inscrivant les dates disponibles. Précisez que la première personne qui fera une réservation gagnera un cadeau mystère, ainsi que la chance de remporter un panier-cadeau d'une valeur de 100 € en plus de la récompense habituelle.

Privilégiez toujours le développement de votre entreprise. Invitez vos hôtesses VIP à participer à un atelier intitulé « Il est payant de recevoir » et parlez des récompenses irrésistibles qu'offre votre société : « Vous pourriez participer à notre prochaine croisière aux Bahamas. »

Allez droit au but lorsque vous leur demandez d'adhérer à votre société : « J'adore vos réceptions. J'aimerais que vous fassiez partie de mon équipe. Je crois que nous aurions beaucoup de plaisir à travailler ensemble. »

Facilitez-vous la tâche en concevant un programme de suivi simple : ayez une chemise distincte pour vos appels de service, vos réservations, vos séances de parrainage, vos activités de prospection et vos appels de soutien. Consultez ces dossiers chaque jour de manière à toujours être au courant de ce qui doit être fait dans chaque domaine de votre entreprise.

SECRET DE SUPERSTAR

Vous pouvez raisonnablement supposer que vous ne serez pas la seule organisatrice de « party plan » à solliciter vos hôtesses. Vous pourrez faire pencher la balance en votre faveur en présentant les récompenses d'une façon nouvelle et attrayante.

Choisissez un mois très chargé ou électrisant, comme le mois anniversaire de votre société, celui qui marque le lancement de votre nouveau catalogue ou encore le mois pendant lequel vous voulez donner un coup d'envoi à une nouvelle série de réceptions, comme au début de l'année.

Téléphonez à vos hôtesses VIP ou envoyez-leur ce message : « Le mois prochain, j'offrirai des produits d'une valeur de 1 000 € à mes hôtesses VIP. Pour en profiter, il suffit que vous organisiez une réunion de vente d'ici 30 jours ! »

Vous pouvez ajouter : « Demain, je ferai la même offre à mes clientes VIP, mais en tant qu'hôtesse, vous avez préséance. »

Vous connaissez la frénésie qui s'empare des gens lorsque le gros lot d'une loterie atteint un montant substantiel. Tout le monde veut avoir une chance de gagner. Votre offre aura le même effet et il est certain que de nombreuses hôtesses voudront organiser une réception.

Combien cela vous coûtera-t-il ? Pas plus que ce que vous avez déjà déboursé pour les récompenses des hôtesses. Supposons que, en moyenne, vos hôtesses repartent avec des produits d'une valeur de 100 €. Si vous tenez 10 réunions de vente par mois, vous offrez déjà des produits d'une valeur de 1 000 €. La seule différence réside dans la façon dont vous présentez votre programme de récompenses.

Bien entendu, vous devrez honorer votre promesse et inscrire suffisamment de soirées à votre calendrier d'événements pour être en mesure d'offrir toutes ces récompenses. Mais c'est la partie la plus facile. Il est fort probable que votre calendrier se remplira très rapidement et que vous devrez trouver des dates supplémentaires ou prolonger votre promotion le mois suivant.

Tout est dans la façon dont vous présenterez votre programme de récompenses. Plus il sera attirant, plus nombreuses seront les réservations.

N.B. Calculez la valeur des produits que vous offrirez en multipliant la récompense habituelle de l'hôtesse par le nombre de réunions de vente que vous tiendrez. Une récompense moyenne de 100 €, multipliée par 10 réunions, équivaut à 1 000 € de produits gratuits. Si la récompense habituelle de l'hôtesse est de 50 €, offrez 500 € de produits gratuits pour 10 réunions, ou prévoyez davantage de soirées.

Quelle que soit la façon dont vous choisissez de diriger votre entreprise, vous devez savoir que même vos hôtesses et vos clientes les plus fidèles finiront par se désintéresser si vous ne maintenez pas un contact régulier avec elles. Toute relation doit être entretenue pour grandir et se développer. Veillez donc à communiquer, communiquer et communiquer.

Secret de Superstar

Plus tôt vous vous débarrasserez de la paperasse, plus efficace, écologique, transportable et rentable sera votre entreprise. Vous pouvez commencer en oubliant les cartes postales. Envoyez plutôt vos invitations par mail. Vos hôtesses pourront les télécharger et les imprimer.

CHAPITRE 18

Partagez la scène

Dans l'industrie du « party plan », vous ne serez jamais mieux récompensée qu'en étant l'instigatrice de la réussite d'une autre personne.

Aucune somme d'argent, aucune forme de reconnaissance n'éclipseront la satisfaction que vous éprouverez en sachant que vous avez joué un rôle clé en aidant quelqu'un à atteindre ses buts. Voir vos consultantes sur la scène en train de recevoir un prix ou sur la passerelle d'un paquebot alors qu'elles s'apprêtent à faire leur première croisière sera toujours pour vous un moment fort de votre leadership. Les aider à s'épanouir et à devenir des leaders qui dirigeront leur propre équipe sera extrêmement satisfaisant pour vous, tant personnellement que financièrement.

Dans l'industrie du « party plan », les plus grandes récompenses vont à celles qui inspirent et outillent les autres à réaliser pleinement leur potentiel. Votre réussite ultime sera toujours directement liée à la réussite des membres de votre équipe. Ici, la duplication est à la base de tout, et lorsque vous partagez vos connaissances, vos habiletés et votre expérience avec les membres de votre équipe, votre entreprise prospère.

Lorsque vous atteindrez les plus hauts paliers du système de rémunération de votre société, vous recevrez des récompenses prodigieuses. Un revenu à six chiffres, des voyages dans des lieux exotiques, des voitures luxueuses, des bijoux, des cadeaux et une grande reconnaissance – vous aurez tout cela lorsque vous maîtriserez les sept règles d'or du leadership.

Règle d'or n° 1 : Prêchez par l'exemple

Voici la question qui vaut un million d'euros : « Si tous les membres de votre équipe faisaient ce que vous faites, quel genre d'entreprise auriez-vous ? »

Les consultantes que vous parrainez ont chacune des attentes, des circonstances, des aptitudes et des priorités différentes. Ce qu'elles ont en commun, c'est qu'elles méritent toutes un leader qui « prêche par l'exemple ». La meilleure démonstration de leadership est donc de projeter une image brillante du fonctionnement de votre entreprise et des récompenses qui découlent du succès.

Vos consultantes feront ce que vous faites. Elles ne feront pas ce que vous ne faites pas. Si vous n'en faites pas assez, ou si vous ne faites pas ce qu'il faut faire, vos erreurs seront plusieurs fois multipliées, car les membres de votre équipe vous imiteront.

En faisant preuve de leadership, vous illuminerez la voie et les membres de votre équipe vous suivront. Votre réussite renforcera la foi que vos consultantes ont en votre société, en vous et en elles-mêmes.

Lorsque vos consultantes constateront que vous ne consacrez que la moitié de votre temps à des activités personnelles, elles vous accepteront comme un leader qui prêche par l'exemple et elles vous respecteront.

Règle d'or n° 2 : Recrutez

Le seul moyen de faire tourner votre entreprise à plein régime est de l'alimenter avec de nouvelles recrues. Plus vous parrainerez de consultantes, plus votre entreprise se développera rapidement et plus vous serez détendue en franchissant les portes tournantes que sont les réunions de vente.

L'un des aspects les plus positifs de l'industrie du « party plan » est la diversité des gens qui y évoluent. Il n'y a aucune discrimination en ce qui concerne le sexe, la race, la religion, l'expérience ou l'éducation. Toute personne ayant plus de 18 ans peut signer un formulaire d'adhésion de distributrice indépendante qui lui ouvrira les portes de la réussite. Certaines personnes s'engageront en caressant de grands rêves et d'autres en n'ayant que des objectifs à court terme. Et d'autres le feront sur un coup de tête et sans but précis.

Quelles que soient leur motivation et l'efficacité de votre parrainage, certaines personnes auront un rendement médiocre, d'autres auront le vent dans les voiles, et d'autres encore abandonneront avant même de franchir la ligne de départ. Lorsque vous comprendrez que la seule sécurité dont vous disposez repose sur les nombres, vous vous ferez une priorité de parrainer un flot constant de nouvelles recrues.

Les recrues insufflent une nouvelle vie dans votre entreprise et chaque nouvelle consultante pourrait bien s'élever au rang de leader ou de directrice, ou même occuper un jour un poste encore plus élevé. Plus vos consultantes progresseront, plus vous atteindrez rapidement les plus hauts paliers du système de rémunération de votre société.

Règle d'or n° 3 : Considérez chaque nouvelle consultante comme un leader en formation

Lorsqu'on songe aux efforts que le recrutement d'une nouvelle consultante nécessite, le temps que vous investissez à lui donner le meilleur départ possible relève du bon sens commercial. Des sondages réalisés par l'Association de la vente directe révèlent toutefois que la moitié des nouvelles consultantes quittent le navire au cours de leurs trois premiers mois d'activité. C'est pour vous beaucoup d'énergie gaspillée, car vos revenus dépendent des résultats obtenus par les membres de votre équipe. Plus tôt vos consultantes commenceront à produire des résultats, plus elles vendront et plus longtemps elles demeureront actives dans l'industrie, plus elles contribueront à votre réussite.

Chaque nouvelle consultante regorge de potentiel. Vous ne saurez jamais à l'avance jusqu'où elle ira, mais votre foi en elle, vos encouragements et votre soutien au cours de ses premiers mois d'activité dans l'industrie lui donneront une bonne chance de réussir.

La relation que vous établissez au départ plantera le décor de vos relations futures. Veillez donc à ce que l'engagement à cet égard soit mutuel. Si vos recrues ne tendent pas vers un but significatif et ne se fixent pas une échéance précise, elles dériveront comme un navire sans gouvernail. Tout d'abord, ayez avec elles un entretien afin de déterminer ce qu'elles veulent accomplir ainsi que le temps qu'elles sont prêtes à investir dans leur entreprise. Si vous ne savez pas ce qui les enthousiasme, ni combien d'heures elles envisagent de travailler, vous serez mal placée pour les aider.

Au début, il n'y a pas de mal à viser de petits buts. De nombreuses consultantes prospères ont commencé par de petits objectifs qui ont progressivement pris de l'importance à mesure qu'elles apprenaient à connaître l'industrie. La route la plus rapide vers l'abandon est la déception, tandis qu'une série de petites réussites peut se traduire par un succès notoire avec le temps.

Lors de cet entretien initial, faites comprendre ce qui suit à vos recrues :

* Vous ferez tout ce qui est en votre pouvoir pour les aider. Toutefois, leur réussite ne sera pas attribuable à vos efforts, mais aux leurs.
* Rien ne les empêche de progresser à leur rythme. Si elles sont prêtes à travailler et à apprendre, elles atteindront leurs buts.
* Il n'existe pas de formule magique ni de raccourci. Elles seules pourront assurer la progression de leur entreprise, et c'est en travaillant qu'elles acquerront les habiletés nécessaires.

Par exemple, voici ce que vous pourriez leur dire :

« Christine, je crois que vous avez un potentiel énorme et que vous êtes capable de réussir dans l'industrie. Le meilleur conseil que je puisse vous donner est de ne pas sous-estimer votre entreprise parce que les frais de démarrage sont si bas. Si vous êtes prête à travailler et à apprendre, il n'y aura pas de limites à ce que vous pourrez accomplir.

« Je sais que vous pouvez réussir. Et si vous butez sur quelques obstacles, sachez que c'est normal. C'est le processus d'apprentissage que nous traversons toutes et je suis là pour vous soutenir en cours de route. Je vous demande seulement de ne pas abandonner avant d'avoir atteint le but que vous vous êtes fixé. »

Plus tôt vos nouvelles consultantes commenceront à gagner de l'argent, plus elles seront heureuses. Personne n'abandonne après avoir commencé à toucher un revenu, et même le plus sceptique des maris changera d'avis lorsqu'il verra les chèques affluer.

Il est primordial que toute nouvelle recrue obtienne de six à huit réservations le plus tôt possible. Prévoyez donc sans tarder leur réunion de lancement et soyez là pour l'aider. Votre présence la mettra en confiance et vous pourrez garder l'œil ouvert afin de repérer dans son cercle d'amies de bonnes candidates qui pourraient lui échapper en raison de sa nervosité ou du fait qu'elle les côtoie régulièrement.

C'est au tour de votre nouvelle consultante de briller. Ne prenez donc pas toute la place pendant sa soirée. Demandez-lui toutefois la permission de vous adresser directement à ses amies afin de livrer ce message clair : « Je sais que vous êtes emballées par la nouvelle entreprise de Christine et nous sommes toutes les deux ravies que vous ayez accepté son invitation. La meilleure façon de l'aider est d'animer l'une de ses premières réunions de vente. Et la récompense que vous recevrez en aidant Christine est incroyable. Laissez-moi vous montrer… »

Dès le départ, sensibilisez votre nouvelle consultante à l'importance du parrainage. Guidez-la vers sa meilleure candidate en lui posant la question suivante : « Si vous pouviez amener une amie en vacances, qui serait-ce ? »

Suggérez-lui ensuite d'inviter cette amie à adhérer à son équipe. Elles pourront ainsi s'entraider au cours de leurs premiers mois d'activité dans l'industrie. Lorsque deux amies s'engagent simultanément, elles obtiennent de meilleurs résultats. Les nouvelles consultantes se demandent parfois si le parrainage n'aura pas un effet négatif sur leurs ventes.

Rassurez-les. C'est le contraire qui est vrai. Plus il y aura de gens qui distribueront leurs produits, plus il y aura de gens qui en entendront parler, qui voudront les voir et puis les acheter.

Règle d'or n° 4 : Donnez des directives claires

La plupart des nouvelles venues dans l'univers du « party plan » n'ont aucune expérience de la vente et doivent acquérir les habiletés nécessaires à partir de zéro. Cependant, si leurs attentes sont réalistes, elles seront émotionnellement bien équipées pour persévérer.

Leurs chances de réussite sont surtout menacées par le petit investissement qu'elles ont fait pour lancer leur entreprise. Et lorsqu'elles se heurtent à une première difficulté, elles choisissent souvent d'abandonner, n'ayant rien risqué et, donc, rien perdu. Pour encourager vos nouvelles consultantes à tenir le cap et à ne pas renoncer après quelques revers, créez pour elles un plan d'action réaliste et détaillé.

Ne les noyez pas sous un flot d'informations. Concentrez-vous sur ce qu'elles doivent apprendre *maintenant*. Bien qu'il soit nécessaire qu'elles prennent connaissance des politiques et procédures de votre société, ainsi que de son système de rémunération, et ce pour des raisons juridiques et éthiques, ce n'est pas ce qui les motivera. Mettez plutôt l'accent sur les produits, les réservations et les réceptions. Si le manuel de votre société est imposant, indiquez les sections qu'elles devraient lire en premier lieu.

Secret de Superstar

Aidez vos recrues pendant leurs premiers mois d'activité en préparant un « aide-mémoire » : dates de formation, séances de parrainage et échéances pour obtenir leurs récompenses « Démarrage rapide ». Préparez un rappel intitulé « À ne pas oublier » une semaine avant chaque échéance et appelez-les pour les féliciter lorsqu'elles ont réussi.

Intéressez-les au programme de récompenses « Démarrage rapide » de votre société afin qu'elles en fassent leur objectif et leur guide pendant leurs trois premiers mois d'activité. Chaque étape qu'elles franchiront renforcera leur confiance en elles et dans l'industrie.

Le premier mois sera une lune de miel. Vos consultantes déborderont d'enthousiasme et auront beaucoup de gens à qui parler. Mais elles devront apprendre à faire la transition entre leurs amies et les membres de leur famille, et se constituer un cercle de contacts plus vaste. Après 30 jours, la réalité s'imposera à elles et vous devrez faire preuve de générosité en leur offrant temps et soutien. Si elles ont exploité le cercle de leurs proches sans avoir pu constituer un calendrier d'événements bien rempli, il est possible qu'elles commencent à douter d'elles-mêmes ou de la viabilité de leur entreprise.

En suivant leurs progrès de près, vous repérerez aisément les signaux d'alarme :

* Si elles disent : « Personne n'est intéressé/n'a d'argent/de temps », elles ont besoin d'aide pour effectuer des appels. Il y a de fortes chances que leur enthousiasme soit perçu comme un discours de vente et qu'elles ne prennent pas le temps de tisser des liens avec leurs prospects.

* Si elles n'ont pas obtenu de réservations, elles ont besoin de formation sur la façon d'élargir leur cercle de contacts. La plupart des recrues ont besoin d'aide pour effectuer cette transition.
* Si leurs résultats sont médiocres, vérifiez si elles ne font pas ces erreurs courantes :
    * Présenter trop de produits.
    * Parler de tout.
    * Se concentrer sur les mauvais sujets (par exemple, la politique de retour).

Ne prenez pas à la légère ce qui semble n'être que de petits problèmes. Si vous les réglez sans tarder, il y a moins de risques qu'ils s'amplifient. Plus vous attendrez, plus ils seront difficiles à résoudre.

Il y a un moment critique à la fin des deux premiers mois d'activité. Certaines nouvelles consultantes commenceront à constater de véritables résultats et d'autres éprouveront des difficultés. Si vous avez établi une bonne relation avec elles, vous saurez quand les féliciter et quand leur indiquer gentiment qu'elles doivent s'améliorer dans un domaine en particulier.

Secret de Superstar

Prévoyez une soirée d'observation peu après la sixième réunion de vente de vos nouvelles consultantes. Cela vous permettra de déterminer leurs points forts et leurs points faibles.

Offrez-leur de la rétroaction en adoptant une approche « félicitations/recommandations/félicitations ». Si vos consultantes sont fières de ce qu'elles maîtrisent, elles aborderont avec davantage de confiance la perspective de devoir s'améliorer dans certains domaines. Toute rétroaction doit commencer et s'achever sur une note positive.

Règle d'or n° 5 : Offrez un parrainage stratégique

Il est tout à fait naturel que vous vous sentiez responsable des consultantes que vous parrainez. Vous leur avez fait découvrir l'industrie de la vente directe et vous voulez qu'elles réussissent. Vous savez également que votre succès dépend du leur. Toutefois, toute distributrice indépendante est responsable de la prospérité de sa propre entreprise.

L'une des plus grandes erreurs qu'un leader puisse faire est de travailler avec les mauvaises personnes, et les femmes ont davantage tendance à commettre cette erreur. Nous prenons soin des autres par nature, et cela nous rend parfois surprotectrices. Mais lorsqu'une consultante en qui vous croyez ne livre pas la marchandise, faire des concessions, accepter ses excuses ou chercher des moyens de régler ses problèmes à sa place est le meilleur moyen de freiner le développement de votre entreprise.

Certaines consultantes s'engageront avec des étincelles dans les yeux, mais sous-estimeront la somme de travail nécessaire ou n'auront pas la fougue et la discipline que doit posséder la travailleuse autonome. Cela peut être décevant lorsqu'une consultante en qui vous placiez de grands espoirs ne répond pas à vos attentes, mais vous devrez l'accepter et vous tourner vers de nouvelles recrues et consacrer la majeure partie de votre temps aux consultantes qui obtiennent de bons résultats.

Bref, soutenez celles qui le méritent, et non pas celles qui le demandent. Allouez un fort pourcentage de votre temps à vos recrues et aux consultantes qui offrent un bon rendement. Elles représentent vos futures superstars.

Tentez d'éviter les erreurs courantes que font les leaders inexpérimentés :

* *Confier des réunions de vente à des consultantes qui n'ont pas de réservations.* Une consultante qui n'arrive pas à remplir son propre calendrier d'événements n'apprendra rien si on lui offre tout sur un plateau d'argent. De plus, vous créez ainsi deux nouveaux problèmes : vous lui enlevez pratiquement toute chance d'accumuler des privilèges reliés aux réservations et vous la privez des occasions d'affaires qu'une consultante douée peut générer lors d'une réunion. Le coût d'une telle « générosité » est très élevé.
* *Offrir une reconnaissance injustifiée à d'anciennes consultantes.* Vos consultantes doivent apprendre auprès de modèles de rôle qui sont professionnellement actives, et vous envoyez le mauvais message en faisant l'éloge d'anciennes superstars. Il y a d'autres moyens de montrer à ces dernières que vous les estimez.

Vous remarquerez peut-être que les moins performantes de vos consultantes sont celles qui font le plus de bruit. Si vous acceptez leurs doléances et leurs exigences en dépit de leur piètre rendement, vous ne leur rendez pas service. Vous ne faites que les habituer à se décharger de leurs problèmes sur vous.

Tout comme le plus beau cadeau que vous puissiez offrir à vos enfants est l'accès à l'indépendance, c'est en outillant vos consultantes avec les attitudes et les habiletés dont elles ont besoin pour devenir indépendantes et diriger leur propre équipe que vous laisserez le plus beau des héritages.

Règle d'or n° 6 : Soyez proactive

Dans l'industrie du « party plan », les distributrices qui connaissent le plus grand succès sont celles qui adoptent une approche proactive dans la gestion de leur entreprise.

Si vous avez des enfants, ou si vous avez un emploi et caressez le rêve de faire de votre entreprise à domicile votre unique source de revenus, la gestion de votre temps est le plus grand défi que vous aurez à relever. Vous n'en aurez pas assez pour faire tout ce que vous voulez. Par conséquent, ne le gaspillez pas en vous livrant à des activités inutiles.

Si vous brassez de la paperasse sur votre bureau, bavardez au téléphone ou vérifiez vos courriels alors que vous devriez être en train d'animer une réunion de vente, de parrainer vos hôtesses ou de faire du recrutement, alors vous n'allez vraiment nulle part.

La seule façon de développer votre entreprise de manière à pouvoir quitter votre emploi régulier est de vous demander : *À quoi suis-je prête à renoncer pour concrétiser mes rêves* ? Si vous devez faire des appels téléphoniques pendant l'heure du déjeuner, rater une sortie au cinéma avec des copines ou démissionner du comité scolaire, faites-le ! Ne perdez pas de temps à faire des choses qui ne s'inscrivent pas dans votre plan directeur.

C'est vous qui avez tout intérêt à ce que votre entreprise se développe. Donc, assumez la responsabilité de tout ce qui arrive, bon ou mauvais. Parfois, des gens vous laisseront tomber ou ne tiendront pas leurs promesses. C'est ainsi, dans la vie comme en affaires. L'industrie du « party plan » est axée sur le capital humain et c'est pourquoi rien n'y est certain. Mais lorsque vous reconnaissez un problème, vous avez la solution, et c'est le leadership.

Laissez parler vos résultats, et lorsque quelque chose ne tourne pas rond, apportez des changements. Peu importe ce que vous voulez et à quel point vous le voulez, peu importe le temps que vous consacrez à l'atteinte de votre but, vous n'irez pas de l'avant si vous répétez constamment les mêmes erreurs.

Et si vous persistez, même les plus petites erreurs pourront faire couler votre entreprise.

Tenez une rencontre à la même date chaque mois et invitez tous les membres de votre équipe. Si vous alternez les réunions en personne et les réunions virtuelles, vous obtiendrez un taux d'assiduité plus élevé.

Secret de Superstar

Ne perdez pas de temps à préparer des séances de formation quand le matériel existe déjà. Vous maximiserez le temps consacré au leadership en encadrant vos consultantes, et non en disséminant de l'information. Considérez-vous comme un centre de ressources et dites-leur où trouver l'information dont elles ont besoin au moment où elles en ont besoin.

Complétez le programme de formation de votre société avec des livres et des ateliers audio créés par des auteurs crédibles qui ont évolué dans l'industrie du « party plan » et la connaissent bien.

Offrez à vos nouvelles consultantes (ou encouragez-les à acheter) les titres suivants : *Devenez une superstar de la vente directe, Be a Recruiting Superstar* et *Be a Network Marketing Superstar*. Ces ouvrages sont disponibles dans la plupart des librairies traditionnelles et virtuelles, ou sur mon site Web, www.marychristensen.com.

Vérifiez chaque semaine les résultats de vos consultantes. Vous saurez qui travaille et qui est à la traîne et, ainsi, où diriger vos activités d'encadrement. N'attendez pas la fin du mois pour évaluer leur rendement, car il sera alors trop tard pour intervenir. En étant vigilante, vous saurez repérer les problèmes. Par exemple, lorsqu'une consultante n'a pas encore passé de commandes au milieu du mois, vous pourrez agir avant que la situation n'échappe à tout contrôle.

SECRET DE SUPERSTAR

En tenant la majeure partie de vos réunions de vente pendant la première moitié du mois, vous pourrez consacrer le reste du temps à aider les membres de votre équipe.

Offrez vos promotions pendant les trois premières semaines du mois afin d'encourager vos consultantes à suivre votre exemple et, ainsi, éviter les fins de mois désastreuses.

Règle d'or n° 7 : Établissez des relations

Si vous prenez soin de vos consultantes, elles prendront soin de votre entreprise. Commencez par leur faire savoir que vous les estimez en tant que personnes, et non pas seulement comme des génératrices de revenus. En sachant ce qui se passe dans leur vie, vous serez mieux outillée pour les aider.

Soyez attentive à ce que toutes vos consultantes se sentent engagées et appréciées en planifiant un programme qui les englobe toutes, quels que soient les revenus qu'elles génèrent. Voici comment :

- Faites-leur part de votre vision. Vous ne serez pas inspirante si vous n'êtes pas inspirée.
- Assurez-vous qu'elles n'oublient pas « pourquoi » elles se sont engagées. Veillez à ce qu'elles réexaminent leurs buts chaque année.
- Donnez un nom à votre équipe. Si vous êtes en position de leadership depuis peu de temps, invitez vos consultantes à faire des suggestions et trouvez ce nom ensemble.

* Organisez des événements professionnels et sociaux tout au long de l'année. Mobilisez vos troupes et faites-les passer du mode vacances au mode travail en organisant une réunion de motivation au début du mois de janvier, un pique-nique familial pendant l'été, et une fête de fin d'année.

* Ayez un rêve commun. Lorsque votre société annonce la destination de son voyage de motivation annuel, organisez une réception sur ce thème et encouragez tous les membres de votre équipe à se qualifier pour y participer. Soyez la première à vous lever et à leur dire : « J'y vais. Qui veut m'accompagner ? »

* Stimulez vos consultantes avec des marathons de réservations et de parrainage à des moments clés de l'année – périodes de grande demande ou lancement d'un nouveau catalogue.

* Chaque mois, mettez vos meilleures consultantes au défi de battre leur record personnel et de vous surpasser en ce qui a trait aux réservations, aux ventes ou au recrutement. Vous pouvez être sûre que certaines d'entre elles réussiront.

* Mandatez des membres de votre équipe pour occuper un stand lors d'un salon de l'emploi ou d'une foire d'artisanat. Vous consoliderez vos relations en planifiant cet événement ensemble.

* Donnez une conscience sociale à votre entreprise en adoptant une cause dans votre collectivité. Invitez les membres de votre équipe à recueillir des fonds pour aider un ancien combattant, un enfant malade ou une famille en difficulté.

* Prenez toujours le temps de communiquer sur le plan personnel avec vos consultantes. Envoyez-leur

une carte d'anniversaire ou téléphonez-leur lorsqu'un membre de leur famille est malade.

* Ne tarissez pas d'éloges devant un travail bien fait et offrez des récompenses à vos consultantes. Vous n'en ferez jamais trop en montrant votre appréciation devant leurs réalisations et leurs progrès.

* Efforcez-vous de faire en sorte que vos rencontres soient amusantes. Si elles sont ennuyeuses, personne n'y assistera et vous passerez votre temps à courir après des R.S.V.P. Inspirez-vous des jeux présentés au chapitre 15 pour donner du dynamisme à vos rencontres. Toute organisatrice de « party plan » sait que la seule façon d'attirer des gens à ses réunions est d'en faire des événements divertissants qui couvrent quatre aspects clés : plaisir, inspiration, reconnaissance et information. Assurez-vous que chacune de vos rencontres est une combinaison gagnante de ces quatre composantes. Si vous vous concentrez uniquement sur l'information, vous raterez une occasion idéale de nouer des liens personnels avec vos consultantes et de bâtir un esprit d'équipe.

* Faites des efforts pour capter toute l'attention des recrues à qui vous offrez une formation par téléphone. Vous ne voulez pas qu'elles soient distraites parce qu'elles plient du linge ou vérifient leur courrier électronique alors qu'elles devraient être en train d'apprendre.

* Ne vous en remettez pas à la technologie pour toutes vos communications. Alors que vos concurrentes se démènent pour trouver des moyens sophistiqués de se faciliter la vie, misez sur la proximité en travaillant sur la ligne de front. Nouez et entretenez de bonnes

relations avec vos clientes, vos prospects et les membres de votre équipe.

* Soyez fière de l'harmonie qui règne au sein de votre équipe. Sachez que même le plus petit désaccord peut avoir un effet destructeur. Ne pas en tenir compte peut nuire grandement à votre entreprise.
* Les émotions jouent un grand rôle dans l'industrie du « party plan ». Entretenez la foi qu'ont vos consultantes en leurs produits, leur entreprise et elles-mêmes afin qu'elles aient toujours la force de passer à travers les déceptions, les délais et les difficultés.
* N'oubliez jamais de reconnaître la contribution de votre équipe lorsque vous prenez la parole lors d'une remise de prix. Des réalisations partagées entretiennent le moral des troupes et renforcent leur loyauté.
* Et par-dessus tout, insufflez du plaisir dans votre entreprise. Repensez à ces moments que vous avez particulièrement aimés lorsque vous vous êtes lancée en affaires et veillez à créer un environnement dans lequel vos consultantes se sentiront acceptées, engagées, appréciées et heureuses.

Les bons moments compenseront les obstacles qui sont inévitables sur la route de la croissance d'une entreprise, tout comme il faudra plus que l'argent pour garder votre équipe unie, pour le meilleur et pour le pire. Il pourra même y avoir des moments où vous aurez besoin que vos consultantes viennent à votre rescousse, et c'est là que l'esprit d'équipe et la bonne volonté seront d'une importance capitale.

ÉPILOGUE

C'est maintenant à vous de briller

La vente directe est l'ultime véhicule de développement personnel. Il est pratiquement impossible de développer une entreprise de « party plan » sans se développer soi-même.

En travaillant à devenir une superstar de la vente directe, vous vous outillerez avec les habiletés propres à l'élite des dirigeantes d'entreprises et vous inspirerez vos consultantes à se démarquer. Mieux elles réussiront, plus grande sera votre réussite personnelle.

Si les femmes sont attirées par le « party plan », c'est parce que c'est une industrie fondée sur l'égalité et la non-discrimination. Il y a de la place au sommet pour quiconque a le courage de caresser de grands rêves et suffisamment de discipline pour les concrétiser. Ce qui rend cette industrie si particulière, c'est que la seule façon d'échouer est d'abandonner. Si vous êtes prête à travailler, à apprendre et à persévérer, tout est possible.

Vous avez maintenant les connaissances nécessaires pour devenir une superstar de la vente directe. Il est temps de mettre en pratique ce que vous avez appris. Il n'y a pas de plus grand voleur de rêve que la procrastination, et vous ne sauriez mieux choisir que cette minute même pour commencer à transformer votre vie, une réunion de vente à la fois.

Commencez par refuser de permettre à des forces qui échappent à votre contrôle de miner votre destinée. Ne renoncez jamais à vos buts, peu importe les soubresauts de l'économie ou les problèmes personnels. Au lieu d'attendre que la situation s'améliore, travaillez à vous améliorer.

L'ingrédient le plus important dans cette recette du succès est le courage :

- Il faut du courage pour surmonter vos doutes et les déceptions afin d'obtenir ce que vous voulez vraiment dans la vie.
- Il faut du courage pour quitter un emploi qui ne vous convient plus et assumer la responsabilité de votre avenir personnel et financier.
- Il faut du courage pour cesser d'attendre que les autres s'améliorent et décider de vous améliorer vous-même.
- Il faut du courage pour cesser d'attendre que votre situation s'améliore et la prendre en main.
- Il faut du courage pour apprendre de vos erreurs et modeler votre avenir.
- Il faut du courage pour reconnaître que quelque chose ne tourne pas rond et agir en conséquence, rapidement.
- Il faut du courage pour refuser que ceux qui ont renoncé à leurs rêves viennent saboter les vôtres.
- Il faut du courage pour aller de l'avant et atteindre vos buts, peu importe les obstacles qui jalonnent votre route.

* Il faut du courage pour paver la voie et devenir un modèle de rôle inspirant pour les autres.
* Il faut du courage pour admettre que vous ne pouvez pas vous trouver des excuses et gagner de l'argent en même temps.

Un but significatif + des connaissances + du courage + de la discipline = une superstar de la vente directe !

Croyez en vous, croyez en votre entreprise et croyez en vos rêves. Vous aurez ainsi le pouvoir d'atteindre les étoiles.

Chez le même éditeur

45 SECONDES QUI CHANGERONT VOTRE VIE *Don Failla*
52 FAÇONS DE DÉVELOPPER SON ESTIME PERSONNELLE ET SA CONFIANCE EN SOI *Catherine E. Rollins*

À LA SANTÉ DE VOTRE RETOUR AU TRAVAIL! *Annick Thibodeau, Mélanie et Mylène Grégoire*
ACCOMPAGNEMENT D'UN ÊTRE CHER EN FIN DE VIE (L') *Anick Lapratte et Catherine Poirier*
ACCOMPLISSEZ DES MIRACLES (nouvelle édition) *Napoleon Hill*
AGENDA DU MIEUX-ÊTRE (L') *Un monde différent*
AGENDA DU SUCCÈS (L') (format de poche) *Un monde différent*
AGENDA DU SUCCÈS (L') (format régulier) *Un monde différent*
ALLEZ AU BOUT DE VOS RÊVES *Tom Barrett*
AMOUR DE SOI (L') *Marc Gervais*
AMOUR SEXSHIP (L') *Chantal Lamontagne et David Bernard*
ANGE DE L'ESPOIR (L') *Og Mandino*
ANXIÉTÉ : UN MESSAGE À DÉCHIFFRER (L') Édith Bertrand et Marilou Brousseau
APPRENTI MILLIONNAIRE (L') *Marc Fisher*
ART DE L'ENCHANTEMENT (L') *Guy Kawasaki*
ATHLÈTE DE LA VIE (nouvelle édition) *Thierry Schneider*
ATTIREZ LA PROSPÉRITÉ *Robert Griswold*
ATTITUDE 101 *John C. Maxwell*
ATTITUDE D'UN GAGNANT *Denis Waitley*
ATTITUDE GAGNANTE (UNE) *John C. Maxwell*
AUGMENTEZ VOTRE INTELLIGENCE FINANCIÈRE *Robert T. Kiyosaki*
AVANT DE QUITTER VOTRE EMPLOI *Robert T. Kiyosaki*

BOUSSOLE (LA) *Tammy Kling et John Spencer Ellis*

CARNET, C'EST BEAU LA VIE *Christine Michaud*
C'EST BEAU LA VIE *Christine Michaud*
CE QU'IL FAUT SAVOIR AVANT DE MOURIR *John Izzo*
CES PARENTS QUE TOUT ENFANT EST EN DROIT D'AVOIR *Claire Pimparé*
CHOIX (LE) *Og Mandino*
CLÉ (LA) *Joe Vitale*
COEUR AUX VENTES (LE) *Jean-Pierre Lauzier*
COMMENT SE FAIRE DES AMIS GRÂCE À LA CONVERSATION *Don Gabor*
COMMENT SE FIXER DES BUTS ET LES ATTEINDRE *Jack E. Addington*
COMMUNIQUER : UN ART QUI S'APPREND *Lise Langevin Hogue*
COUPLE MILLIONNAIRE DE L'IMMOBILIER *Ginette Méroz*
CROISADE DES ENFANTS (LA) *A.B. Winter*
CROIRE… C'EST VOIR *Dr Wayne Dyer*
CROYEZ EN VOUS, MÊME SI ON VOUS TROUVE FOU ! *Marc Fisher*

D'HIER À DEMAIN *Shania Twain*
DE DONS EN MIRACLES *F. Vaughan / R. Walsh*
DE LA MOPPE AU TOP *Jean-Louis Couturier*
DE LA PART D'UN AMI *Anthony Robbins*
DÉCOUVRE LE BONHEUR DE T'AIMER *Claire Pimparé et Guillaume Gagnon*
DÉCOUVRE TA JEUNE PASSION *Claire Pimparé et Guillaume Gagnon*
DÉCOUVREZ VOTRE MISSION PERSONNELLE *Nicole Gratton*
DÉVELOPPEZ HABILEMENT VOS RELATIONS HUMAINES *L. T. Giblin*
DÉVELOPPEZ VOTRE LEADERSHIP *John C. Maxwell*
DEVENEZ INFLUENT *Tony Zeiss*
DEVENEZ LA PERSONNE QUE VOUS RÊVEZ D'ÊTRE (format de poche) *Robert H. Schuller*
DEVENEZ UNE SUPERSTAR DE LA VENTE DIRECTE *Mary Christensen*
DEVENEZ UNE PERSONNE D'INFLUENCE *J. C. Maxwell*
DEVENIR MAÎTRE MOTIVATEUR *Mark Victor Hanson*
DIFFÉRENT TOUT COMME MOI *Ron Hall et Denver Moore*
DIX COMMANDEMENTS POUR UNE VIE MEILLEURE (format de poche) *Og Mandino*

DIX SECRETS DU SUCCÈS ET DE LA PAIX INTÉRIEURE (LES) *Wayne W. Dyer*

DONNER SANS COMPTER *Bob Burg, John David Mann*

ÉCOLE DES AFFAIRES (L') (nouvelle édition) *R. T. Kiyosaki*

ELLE ET LUI *Willard F. Harley*

EMPOWER *Isabelle Fontaine*

EN ROUTE VERS LE SUCCÈS *Rosaire Desrosby*

ENCORE PLUS BELLE, LA VIE ! *Christine Michaud*

ENTREPRISE DU 21e SIÈCLE (L') *Robert T. Kiyosaki*

ENTREPRENDRE ET RÉUSSIR *Jean Lepage*

ENVERS DE MA VIE (L') *Marie-Chantal Toupin*

ÉQUILIBRISTE (L') *Philip Blanc et Éric Hubler*

ESPRIT QUI ANIME LES GAGNANTS (L') *Art Garner*

ET SI ON CHOISISSAIT D'ÊTRE HEUREUX! *Nicholas Gaitan*

ÉVEILLEZ L'ÉTINCELLE *Van Rensselaer Dey / Elbert Hubbard*

EXCELLENCE 101, *John C. Maxwell*

EXCELLENCE, UNE ATTITUDE À ADOPTER (L') *Robin Sharma*

FACTEUR D'ATTRACTION (LE) *Joe Vitale*

FAIRE AUJOURD'HUI CE QUE TOUS FERONT DEMAIN *Thierry Schneider*

FAITES DE L'ARGENT EN IMMOBILIER AVEC L'ARGENT DES AUTRES *Jacques Lépine*

FEMMES, LA NOURRITURE ET DIEU (LES) *Geneen Roth*

FISH ! *Stephen C. Lundin, Harry Paul et John Christensen*

FLIPS (LES) *Yvan Cournoyer*

FONCEUR (LE) (format de poche) *Peter B. Kyne*

FORMATION 101 *John C. Maxwell*

FORMEZ UNE ÉQUIPE GAGNANTE, *Tom Barrett*

FUIR SA SÉCURITÉ *Richard Bach*

GANGS DE RUE 1, LES ROUGES CONTRE LES BLEUS *Marc Beaudet et Luc Boily*

GANGS DE RUE 2, LA MARCHE ORANGE *Marc Beaudet et Luc Boily*

GRANDE MASCARADE (LA) (format de poche) *A. B. Winter*

GUÉRIR DE L'INGUÉRISSABLE *Jocelyn Demers*

GUIDE DE SURVIE PAR L'ESTIME DE SOI *Aline Lévesque*

GUIDE POUR INVESTIR *R. T. Kiyosaki*

HECTARES DE DIAMANTS (DES) (nouvelle édition) *Russel H. Conwell*
HEUREUX SANS RAISON *Marci Shimoff*
HOCKEY C'EST DANS LA TÊTE (LE) *Sylvain Guimond*
HOMME EST LE REFLET DE SES PENSÉES (L') *James Allen*
HOMME LE PLUS RICHE DE BABYLONE (L') *George S. Clason*
HUIT PILIERS DE LA PROSPÉRITÉ (LES) *James Allen*

IMPARFAITE, ET ALORS ? *Julie Beaupré et Anik Routhier*
INDÉPENDANCE FINANCIÈRE AUTOMATIQUE (L') *Jacques Lépine*
INDÉPENDANCE FINANCIÈRE GRÂCE À L'IMMOBILIER (L') *Jacques Lépine*

L'AMOUR POUR TOUJOURS *Line St-Amour et Marc Beaudet*
LEADER, AVEZ-VOUS CE QU'IL FAUT ? *John C. Maxwell*
LEADER SANS TITRE *Robin Sharma*
LEADERSHIP 101 *John C. Maxwell*
LETTRE À UN AMI MALHEUREUX *Marc Fisher*
LETTRES SECRÈTES DU MOINE QUI VENDIT SA FERRARI *Robin Sharma*
LURON APPRIVOISE LES FORCES DE L'ESPOIR *Line St-Amour et Marc Beaudet*
LOIS DE L'HARMONIE (LES) *Wayne W. Dyer*
LOIS DYNAMIQUES DE LA PROSPÉRITÉ (LES) *Catherine Ponder*
LURON ET ZÉBULON *Line St-Amour*

MAGIE (LA) *Rhonda Byrne*
MAGIE DE CROIRE (LA) *Claude M. Bristol*
MAGIE DE VOIR GRAND (LA) *David J. Schwartz*
MAÎTRISE DE SA DESTINÉE (LA) *James Allen*
MARKETING DE RÉSEAUX (LE) (format de poche) *Janusz Szajna*
MARKETING DE RÉSEAU 101 *Rubino / J. Terhume*
MAUX POUR LE DIRE (LES) *Suzanne Couture*
MÉGAVIE… MON STYLE DE VIE *Robin S. Sharma*
MEILLEURE FAÇON DE VIVRE (UNE) *Og Mandino*
MÉMORANDUM DE DIEU (LE) (format de poche) *Og Mandino*

MERCI LA VIE *Deborah Norville*
MESSAGE D'UN MAÎTRE (LE) *John McDonald*
MESSAGERS DE LUMIÈRE *Neale Donald Walsch*
MESSAGER MILLIONNAIRE (LE) *Brendon Burchard*
MES VALEURS, MON TEMPS, MA VIE! *Hyrum W. Smith*
MILLIONNAIRE PARESSEUX (LE) *Marc Fisher*
MIRACLE DE L'INTENTION (LE) *Pat Davis*
MOINE QUI VENDIT SA FERRARI (LE) *Robin S. Sharma*

NÉ POUR GAGNER *L. Timberlake*
NOS ENFANTS RICHES ET BRILLANTS *R. T. Kiyosaki*

OBSESSION *Lloyd C. Douglas*
ODE À LA JOIE (L') *A. B. Winter*
ON SE CALME *Louise Lacourse*
OSEZ RÉUSSIR *Collectif Orizon*
OPTIMISEZ VOTRE ÉQUIPE *Patrick Lencioni*
OUVERTURE DU COEUR (L') *Marc Fisher*
OUVREZ VOTRE ESPRIT POUR RECEVOIR *Catherine Ponder*
OUVREZ-VOUS À LA PROSPÉRITÉ *Catherine Ponder*

PASSION.WEB *Gary Vaynerchuk*
PENSÉE POSITIVE (LA) *Norman V. Peale*
PENSER AUX AUTRES *Dalaï-Lama*
PÈRE RICHE, PÈRE PAUVRE *Robert T. Kiyosaki*
PÈRE RICHE, PÈRE PAUVRE, LA SUITE *R. T. Kiyosaki*
PERSONNALITÉ PLUS *Florence Littauer*
PETIT PRINCE EST REVENU (LE) *Marc Fisher*
PETITES DOUCEURS POUR LE CŒUR *Nicole Charest*
PETITES DOUCEURS POUR LE CŒUR TOME 2 *Nicole Charest*
PLANIFICATEUR DU SUCCÈS (LE) *Un monde différent*
PRENDRE SOIN DE SOI *Lucien Auger*
PRENDRE SOIN DE SOI (Cahier d'exercice) *Lucien Auger*
PLUS GRANDS COACHS DE VENTE DU MONDE (LES) *Robert Nelson*
PLUS GRAND MIRACLE DU MONDE (LE) *Og Mandino*
PLUS GRAND MYSTÈRE DU MONDE (LE) *Og Mandino*
PLUS GRAND SUCCÈS DU MONDE (LE) *Og Mandino*

PLUS GRAND VENDEUR DU MONDE (LE) *Og Mandino*
PLUS GRAND VENDEUR DU MONDE (LE), TOME 2 *Og Mandino*
PLUS VIEUX SECRET DU MONDE (LE) *Marc Fisher*
POUVOIR (LE) *Rhonda Byrne*
POUVOIR MAGIQUE DES RELATIONS D'AFFAIRES (LE) *Timothy L. Templeton*
POUVOIR TRIOMPHANT DE L'AMOUR (LE) *Catherine Ponder*
PROGRESSER À PAS DE GÉANT *Anthony Robbins*
PROPOS SUR LA DIFFÉRENCE *Roger Drolet*
PROVOQUEZ LE LEADERSHIP *John C. Maxwell*

QUAND ON VEUT, ON PEUT ! *Norman V. Peale*
QUI VA PLEURER… QUAND VOUS MOURREZ ? *Robin S. Sharma*

RACCOURCI VERS LA RÉUSSITE *Paul-Gérald Farmer*
RÈGLES ONT CHANGÉ ! (LES) *Bill Quain*
RELATIONS 101 *John C. Maxwell*
RELATIONS EFFICACES POUR UN LEADERSHIP EFFICACE *John C. Maxwell*
RELATIONS HUMAINES, SECRET DE LA RÉUSSITE (LES) *Elmer Wheeler*
RENAISSANCE (LA) *Marc Gervais*
RENDEZ-VOUS AU SOMMET *Zig Ziglar*
RETOUR DU CHIFFONNIER (LE) *Og Mandino*
RÉUSSIR À TOUT PRIX (nouvelle édition) *John et Shirley Lane-Smith*
RÉUSSIR SA VIE *Marc Gervais*

S'AIMER SOI-MÊME *Robert H. Schuller*
S'ÉPANOUIR ET RÉUSSIR SES ÉTUDES *Pierre Bovo*
SAGESSE DU MOINE QUI VENDIT SA FERRARI (LA) *Robin S. Sharma*
SAINT, LE SURFEUR ET LA PDG (LE) *Robin S. Sharma*
SAVOIR VIVRE *Lucien Auger*
SAVOURER LA VIE *François Gervais*
SECRET (LE) *Rhonda Byrne*
SECRET DE LA ROSE (LE) *Marc Fisher*
SECRET DE LA FORME AU QUOTIDIEN (LE) *Sonja Schneider*
SECRET DU POUVOIR DES ADOS (LE) *Paul Harrington*
SECRET EST DANS LE PLAISIR (LE) *Marguerite Wolfe*

SECRETS D'UNE COMMUNICATION RÉUSSIE (LES) *Larry King*
SEMEUR (LE) *Mario Pelchat*
SENTEZ-VOUS BIEN *Thierry Schneider*
SOMMEIL IDÉAL (LE) *Nicole Gratton*
SOURCE DE BONHEURS ET DE BIENFAITS *Vincent Thibault*
SOYEZ LE MIRACLE *Regina Brett*
STRATÉGIES DE PROSPÉRITÉ *Jim Rohn*
STRESS : LÂCHEZ PRISE ! (nouvelle édition) *Guy Finley*
SUCCÈS N'EST PAS LE FRUIT DU HASARD (LE) *Tommy Newberry*
SUCCÈS SELON JACK (LE) *Jack Canfield*
SYNCHRONISATION DES ONDES CÉRÉBRALES (LA) *Ilchi Lee*
SYSTÈME (LE) *Don et Nancy Failla*

TEMPS QUI NOUS PRESSE *Alain Dumas*
TENDRESSE (LA) *Aline Lévesque et Hedwige Flückiger*
TESTAMENT DU MILLIONNAIRE (LE) *Marc Fisher*
TOUJOURS PLUS HAUT *Michael J. Fox*
TOUT EST DANS L'ATTITUDE *Jeff Keller*
TRACEZ VOTRE DESTINÉE PROFESSIONNELLE *Mélanie et Mylène Grégoire*
TRAVAIL D'ÉQUIPE 101, *John C. Maxwell*
TROIS LOIS DE LA PREFORMANCE *Steve Zaffron et Dave Logan*

ULTIME ÉCHELON (L') *Marshall Goldsmith*
ULTIMES SECRETS DE LA CONFIANCE EN SOI (LES) *Dr Robert Anthony*
UN *Richard Bach*
UNIVERS DE LA POSSIBILITÉ (L') *B.et R. Zander*

VAINCRE L'ADVERSITÉ *John C. Maxwell*
VOIES DE LA RÉUSSITE (LES) *Collectif*
VOTRE DROIT ABSOLU À LA RICHESSE (nouvelle édition) *Joseph Murphy*
VOUS^2 *Price Pritchett*
VOUS INC. *Burke Hedges*

MARQUIS

Québec, Canada

Imprimé sur du papier Enviro 100% postconsommation
traité sans chlore, accrédité ÉcoLogo et fait à partir de biogaz.

100%

PERMANENT

BIO GAZ ÉNERGIE